萬特特

這世界很好
但你也不差

—

送給從未有過優越感，

—

光是讓自己不自卑

—

就已經花光所有力氣的人

—

只要相信自己，

在黑暗中，也能閃耀發光！

兩隻每天在鼓樓西劇場院裡接受藝術薰陶的「文藝喵」。
很多時候我們不是沒有與人相處的能力，
而是沒了與人逢場作戲的興趣。

3 月的外灘，鋪滿了嬌豔的鬱金香。
聽說以前的人在花開時節，要做很多事，
踏青、宴樂、吟詩、彈琴。
看花，是簡單而實在的讓人覺得美好的事。

動物園裡，兩隻盯著同一根胡蘿蔔的斑馬，

不難猜到，仰起頭的那隻，一定是搶到了胡蘿蔔。

很多不快樂是從期待開始的，

如果期待落空，就彷彿自己的東西被奪走，

如果一開始沒有期待，那麼得到一點點都是意外之喜。

隨著初秋一起到來的，還有我的三十歲，
我把它叫作「新的十八歲」。

想做一個粗心的旅人，用「度假」取代「旅行」，
從一個地方到另一個地方的目的，
不再是為了獲取新知，僅僅是為了遠離所熟悉的一切，
到一個陌生的地方待上幾天而已。

2018 年的草莓音樂節，歌手朴樹戴著頭巾，在台上唱著：
「背叛務必堅決，告別也需要體面。
我沒什麼可以解釋的，這是我的命運吧……」

前言

一

　　這本書記錄了從二十歲到三十歲的女孩們，其窘迫、生動、無畏的經歷，涵蓋了生活、職場、感情和個人成長。

　　在這裡，首次討論原生家庭、嫉妒心等疼痛型敏感話題，以及「憂鬱」情緒障礙，還有親人離世、前任復合、購置人生第一套房產的心理感受。

　　裡面所有的故事，即便你抹掉時間、打亂編排，依然能在自己的生活裡，時時遇見這些故事主角曾經歷過的心情。

　　我們，就是他們。

　　這十年裡，我和書中的她們一樣，也有過很多小問號。

　　作為女孩要不要自己買房？可愛在性感面前一文不值嗎？原生家庭對一個人到底有怎樣的影響？經常和我聊天的人，是不是喜歡我？是自己矯情，還是別人無趣？既然人生這麼難，為什麼還讓我們來走這一遭？人這一生一定要結婚嗎？那些喜歡道德綁架的人到底在想什麼？真的是因為奶茶好喝，還是我找不到別的快樂？拒絕別人的時候，為什麼會感到愧疚？

　　這些問題，都暗示著深深的自我懷疑，暗示著對尋求安

慰和獲得外部認同的需要，是低自尊和缺乏自我肯定的表現。
這一切問題都指向一個心理原因：總覺得自己不夠好！

從前我們經常說，要懂得愛自己，而這一次所傳達的是要「信自己」。在這個快速發展的時代，讓人「厭世」很容易，但讓人信自己卻很難。我把生活奇遇和思考所得，慢慢攤開，與每一個讀到這本書的人分享、討論你要信自己的理由。沒有太多稚嫩空想和熱血口號，只有真實的故事和複雜的生活感觸。

有些路，一步也不能錯過。到了這個年紀才明白，經歷的意義並非是用來定義你，而在於指引你。

這本書能帶給你什麼呢？

它沒有想給你猛灌雞湯，也沒有給你「畫大餅」規劃未來生活藍圖，而是一本實地探勘過後的「排雷指南」和「戰地實用手冊」，並非人跡罕至之地的遊記，而是親身經歷的攻略。記錄了並不怎麼體面，甚至有點灰頭土臉的艱難階段。

不為煽動情緒焦慮，也不單單只是「拍拍你」。成年人了，我想給你們更實在一點的。我把那些和你情況差不多的年輕人遇到的生活問題，他們的遭遇、他們心裡的困惑糾結，以及最終的決定，都記載下來，然後送到你面前。

像是考試時，閨密偷偷遞來的一個答案，不保證全對，但一定有用。想給你提供一種應對當下生活的思路。

像重返現場一般回看這本書的時候，我也會忍不住在心裡感嘆：「這段寫得真好呀，這個故事真棒」，但是比起這些，我更關注的是「結論是不是太絕對？應該少一點」、「我覺得故事情節不夠飽滿」、「這個觀點有點幼稚」、「以後應該多一點情節」……

平心而論，這本書並不完美，但它也有不小的進步和改變。不完美並沒有什麼不好，就像這些年我的一些變化，並不是從悲觀變成了樂觀，而是不再把悲觀當成壞事。就像我有一顆蛀牙，但它並不影響我應對時的伶牙俐齒，和品嘗美食時的大快朵頤。

因為我知道，即使重來一次，也未必會好過現在，這已經是我在當時所能看見的、想到的最好的東西了，我相信它會對你有用。

反正人就是這樣，回頭看自己走過的路，總是會遺憾自己不能走得更好些，但也要知道，當時的自己其實已經用盡全力了。所以不要輕易去責怪，或者感覺遺憾，把你放到同樣的年紀再來一遍，你還是會走差不多的路。

人就是在並非盡善盡美的環境下長大的，這一路上很多錯誤和失去都是避免不了的。不必妄自猜測自己的得與失，只

要今天比昨天好，你就已經做到了最好的自己。

　　這個世界上有很多東西細小而瑣碎，不用心去體會，你幾乎感覺不到。正是它們的存在，在不經意的時刻支撐我們度過許多難關。就像我們的手紋、鞋底的紋路，是它們讓我們在拿起杯子的時候、走在樓梯的時候，增加了摩擦，防止跌落、摔倒，我們並不會在意它們的存在。

　　生活只要還在繼續，就沒有所謂的大團圓，它既沒有讓誰做了一生美夢，也沒有成全所有的灰姑娘，它只是一隻無形的推手，推著每個人一步一步往前走，一點一點享受這個往前走的過程。

　　在無常的命運裡，在反覆自我拉扯的過程中，我們都在尋找各自的光，那麼「信自己」就是最明亮的那一束。

　　對自己多用點心，日益努力，而後風生水起。盡情玩耍，盡情學習，盡情熱愛，盡情討厭，在需要的時候釋放善意，在必要的時候展現強硬，把這不得不過完的一生，變成值得慶賀的一生。

　　畢竟這世界很好，但你也不差。

傍晚的海邊，看看雲、水和光。
我知道感官的豐盛無法完全被記住和分享，
但還是忍不住在動情時發出「好美呀」的感嘆，
並想要留存毫釐，於是拍下了這兩張照片。

在北京，你絕不會只因為一分的努力就能在國貿隨便刷卡，
也不會因為兩分的努力就能體面地生活在三環裡。
你只有拿出十二分的努力才有可能，只是有可能在這裡過上還不錯的生活。

在「失戀2.0」主題展拍的照片。

當時隨手發到小紅書上，瀏覽量驚人。

關於過去，我們可以回頭看，但是不能回頭走。

因為逆行是全責，要有勇氣成為他人的過去。

女孩子在互相交換購物連結的同時，
友誼也就完成了蓋章確認。
歡迎來我家一起拆快遞。

12 月的聖誕主題花藝課，
諾貝松為環，木槿花、薔薇果、東青果、
女貞、桂皮和松塔為飾。
聽說聖誕花環上一定要有桂皮，
許願才會靈驗。

比起成為井井有條的大人，
我更希望你是被人偏愛的小朋友。

風月都好看，人間也浪漫。

願你所見皆美好，所行皆坦途。

這世界很好，但你也不差

我猜，大部分人的願望，
應該都是父母健康、日子順遂吧。
畢竟家人平安喜樂是第一，
其餘都是錦上添花。

　這世界很好，但你也不差

2020 新年前夕，帶奧斯卡回黑龍江過年，
在盛滿了雪的矮松前拍下這組照片。
經濟上我養牠，精神上牠養我。
每一天毛茸茸的陪伴，對我來說就是最好的治癒。

01
前任發來好友申請，你會同意嗎？

———

我挺喜歡你的，
但這事過去了

總有女孩更願意相信，是他忘不了自己，是他還愛自己。
但我說句讓你難受的話，比起終於悔悟不想失去你，
更大的可能性，是他再也沒有遇到比你更好的女孩，
如果遇到了，他不會想起你是誰。

網購了一套家居收納盒，利用整理舊物的時候，在一本書裡翻出一張照片。是一個男生的背影，穿白色 T 恤，隨意站在綠草地上。那是我整個大學時期喜歡的男孩，如今再看，太普通了。

　　現在想起來好傻，我以前居然因為喜歡他而偷偷藏了這張照片，還真是很俗套的校園戀愛。

　　我講過很多別人前任的故事，卻極少提起自己的前任。

　　那是一種什麼感覺呢？就像是我曾經為之付出過的真心，在時隔多年後的今天，無論以什麼樣的情緒和語言去回憶，都覺得太輕了、太淺了，所以很多時候都變成了不如不說。

　　當年被「綠」的人是我，愛上另一個女孩的是他。命運的有趣在於，分手後的第七年，他來我所在的城市，希望復合的也是他。他背著雙肩包，站在漫天大雪裡，俊朗的模樣分毫未改變。

　　「好久不見。」還是那個聲音。
　　「開場白太老套了。」我笑笑。

　　我心平氣和地和他坐在我喜歡的餐廳裡，聽他說起這些年在國外的事。那些被我預想的情緒，對他的好奇和興奮，對過去那些事的憤怒、委屈和歇斯底里，統統都沒有。

「有些話我想當面跟你說。」他先開了口，「以前的事，是我對不起你……」

「別提以前了。」我打斷他，抬頭看著他的眼睛說，「你知道嗎？校門口那家我最愛的奶茶店，我已經記不起它的味道了。」

「我可以陪你找到新的奶茶店。」

「但我已經不愛喝奶茶了。」

我在心裡一遍遍地跟自己說：「這就是你曾經深愛的少年啊。」我甚至在腦子裡想起《手札情緣》中艾麗和諾亞重逢的場景，但是很抱歉，我騙不了自己，也不想騙他。

那一刻我才知道，當年變心的是他，如今變心的是我。我像看見一個許久未見的朋友，沒有心慌更沒有心動，連小小的緊張都沒有。哪怕我知道，或許這一輩子，我再也不會像當初愛他一樣去愛另一個人；哪怕他的這次回頭，是我們之間唯一的一次機會；哪怕……

嗯，我還是不想再給我們一次機會了。

當我不再是當年那個暗暗自卑、需要被認同又小心翼翼的女孩，他的獨特非凡就成了再簡單不過的尋常。現在我才明白，他並非自帶光芒，而是我的愛給他鍍上了一層光環。

很多時候，愛情的發生是需要機緣的。不同的人生階段，愛情的觸發機制都會有所不同。青春期喜歡有書卷氣的白衣少年，再長大些會喜歡幽默風趣的，三十歲之後或許會更喜歡踏實可靠的男人。

我身體裡的細胞在更新，我對愛和陪伴也有了不同的理解和需求。他很好，但我也不差，甚至在分開的這些年裡，我比他更快地成長。

很多時候，一段感情結束了就是結束了，失而復得這種事在現實裡並不常見。需要珍惜的時候你沒珍惜，等我離開了，關係結束了，想反悔？不行，沒用的。對一個人的「我喜歡過」和「我現在仍喜歡」完全是兩回事。並不是你每次跑回來找我，我都是留在原地的。

當時以為一輩子不會消失的愛意，如今想來卻覺得是自己的癡傻。單純也好，成熟也罷，愛情的修繕從來都逃不過時間的過濾。要有勇氣成為他人的過去。

雖是如此，每每想起過往種種，心中依舊會有難言的酸楚。

頂著大雨就為了給他送一杯熱果汁；蹺課去球場看他打球；看到美麗的雲、奇怪的樹都想第一時間拍下來和他分享；在運

動會上拿校服為他撐起一片陰涼；徹夜未眠為他織一條白圍巾；聽說他有一個難忘的青梅竹馬，我哭著回宿舍喝了酒。

有次在讀者群組裡和大家聊起這些，有個女孩說：「看姐姐的書，一直認為姐姐是個很酷的人，是不會為男生流淚的人。」

「不不，姐姐從前也是戀愛腦。」

但我懷念的，從來不是那個少年，而是當年為愛而莽撞笨拙、有點少根筋的自己。那樣單純且極致的心動，在多年之後的今天，很難再一一重歷。

他離開這城市的那天，發訊息給我：「在我們重逢的那一刻，我就知道你放下了，因為你看我的眼神裡不再有星星。」

「一路平安。免回。」我明白的，推開一部分愛的同時，我也推開了一部分的自己。當一個女孩子對你不動聲色，毫無波瀾，喜怒哀樂不再跟你沾邊，才是愛情最終的落幕。所有的牽絆至此鬆開，宇宙浩瀚，此去一別，不必再見。

很多年後，我讀到一段話：關於你我之間的結局，如果這樣還不是最好，那怎樣才是最好？無非是你住靜謐河濱，我住寂寞城堡。

忽有故人心上過，回暮已是萬重山。 值得慶幸的是，有的關係我可以大方地說出我盡力了，我付出了誠意和時間，我絲毫不會覺得遺憾。該後悔的人，不應該是我。

人可以回頭看，但是不能回頭走，因為逆行是全責。

——

還記得我在《你並非一無所有》一書中，提到過收到前任結婚喜帖的豆豆嗎？

豆豆的前任，我們叫他燃哥。在豆豆收到喜帖後，我們這些當年的好朋友，也都陸續收到了婚禮邀請。我原本是不太想去的，直到我接到豆豆在機場打來的電話。

「親愛的，我剛剛落地，這幾天想暫住你家。」
「好，那我給你換一套新床單，但你大老遠趕回來參加前男友的婚禮，這不是自虐嗎？」
豆豆說：「我就是回來自虐的。」

我們在婚禮開始前半個小時趕到，婚禮正式開始，燃哥作為新郎先上了台。原本興奮異常的豆豆，看見穿著禮服的燃哥，一下子安靜了下來。

人生中總有一些時刻，我們會從熱鬧中突然沉默下來，這種沉默背後也許有千言萬語，也許什麼都沒有。

豆豆就這樣看著新娘的父親把新娘的手交給了燃哥。我有些擔心地看著豆豆，她使勁擠出笑容。台上，新郎新娘交換戒指，說「我願意」。

新郎新娘逐桌敬酒，還沒到我們這邊，豆豆已經給自己灌了兩杯白酒。

「別喝了，你的眼眶都紅了。」朋友看豆豆喝了一杯又一杯，忍不住勸她，但她根本不聽，仰頭又是一杯。

燃哥和新娘走過來，豆豆這時候立馬起身，我才發現她穿了白裙子。

「今天招呼不周，改天咱們再聚，謝謝大家能來。」燃哥沒有看豆豆，我覺得他是不敢看。豆豆舉杯：「祝你……祝你……不說了，我乾了。」

婚禮氣氛本來已漸漸回落，賓客們大多吃飽準備撤了。偏偏這時候主持人說有沒有親朋好友願意上台講幾句，為新人送上祝福。

豆豆突然拿起桌子上的一瓶洋河大麯，咕咚咕咚灌了幾口，「噌」地站起來，衝了上去。

我拉了豆豆一把，沒有拉住，心想：壞了，要出事。

接下來的畫面，深深地印在我的腦海裡，至今不管參加誰的婚禮，我都會想起那天的豆豆。

豆豆跌跌撞撞地衝到台上，看了燃哥一眼，然後跟樂隊小聲嘀咕了幾句，便站在台中央。

她唱了周蕙的那首《約定》。唱完後，豆豆站在台上，拿著麥克風大聲說：「劉子燃，你放心，我就到此為止，不會做更過分的事，我不想以一個不堪的、瘋了一樣的形象到最後，我記得我當初出現在你世界裡的時候，挺可愛的。劉子燃，祝你幸福！我丁豆豆祝你幸福！」

我們幾個在台下心驚膽戰，新娘子的臉拉得老長，親友們嚇得下巴掉了一地，來不及撿起。

燃哥只是安靜地看著豆豆，什麼都沒有說。
我們幾個上去把豆豆拽了下來，在新娘叫保全之前，把豆豆帶離了現場。

———

大概是剛剛酒下肚得太急，豆豆在路邊吐了許久。
吐完後她的第一句話是：「胃倒空了，我們吃燒烤去吧。」也好，畢竟剛剛大家被她驚嚇得也沒吃什麼東西。就這樣，在烤羊肉串的煙霧中，豆豆再一次講述了她和燃哥的少年往事。

　　總有人說，「所愛隔山海，山海皆可平」，只有身在其中的人，才知道這究竟有多難。

　　「愛了那麼多年，怎麼就不愛了，怎麼就分手了？」有人問豆豆。

　　「不是不愛了，是在那個當下，愛不下去了。」說這話的時候，豆豆已經淚流滿面。

　　「我今天，不是去搗亂的，我見過他很多樣子，唯獨沒有見過他穿上結婚禮服的樣子。我就是想去看看，看看我那夢寐以求的場景。」

　　「豆豆，有一天我可以把你寫進書裡嗎？」

　　「那你一定要告訴那些看你書的人，涉水而過，不代表你擁有這條河。」

　　去年初秋，豆豆結婚了。婚禮那天，她穿了平底鞋。

——

　　前任到底是一種怎樣的存在？

　　有人說，不能怪，因為你愛過。不能再愛，因為回不去。不能提，因為心有芥蒂，就像上輩子的事情一樣，你不能對別人講，也沒有必要講，就只能安安靜靜自己承受。回憶到美好

的情景，會開心，會笑。回憶到不好的事情，會有點心疼。心裡有一場海嘯，但一個人靜靜地坐著，沒有人知道。

但我仍舊認為，**轟轟**烈烈地愛過，總好過從未擁有。

———

昨天收到一個女孩發來的私訊，說自己的前任突然傳來加好友的請求，她完全不知道怎麼辦，問我有沒有什麼建議。

我分不清她是喜是怒，一時沒有回覆。大概過了一個小時，她又發來一句話，說：「姐姐，我還是決定不加他了。」

我想，這一個小時的時間對她來說，一定特別漫長吧。

我贊同她的做法，因為打破許久不聯繫的狀態很容易，但是要打破一段不曾互相參與的日子中間的隔閡，且忘記過去帶給彼此的傷害和難過，太難了。

為什麼分開許久的人，會回過頭來重新聯繫前任？

總有女孩更願意相信，是他忘不了自己，是他還愛自己。但我說句讓你難受的話，比起終於悔悟不想失去你，更大的可能性，是他再也沒有遇到比你更好的女孩，如果遇到了，他不會想起你是誰。

「請求加你為好友」意味著什麼？

絕不僅僅是你的好友列表裡多了一個連絡人而已，而是代表著你們的生活又將重新有了交集。看似「多年未見，我對你仍有惦念」的寒暄，背後隱藏的其實是小心翼翼的試探。

我特別不喜歡這種「回頭」。

當初會選擇分開，一定是這份感情已經讓兩個人覺得負累，彼此都認為分手以後會過得更好。那又為何在許久之後再次出現，攪亂對方好不容易平靜下來的生活呢？而你，又為什麼好了傷疤忘了疼，天真地以為還可以再試試呢？

事過才後悔，失去再珍惜，似乎是人類的通病。

擁有的時候只當作平常，失去後才知道後悔莫及，想要拚盡全力去挽回，可惜早就已經過了感情的保鮮期。

記得之前網路上流行過一句話：我們去復合，去重蹈覆轍，去互相折磨。

但我更喜歡另一句話：算了吧，那段痛不欲生的日子，我好不容易熬過來的。所以千萬拜託你，別再來打擾我了。

———

放下一個人是種什麼感受？

有那麼一瞬間，你清楚地感知到心裡某個開關「咔嚓」一

下斷開了，即使心中還有不捨，內心卻有一個聲音清晰地告訴自己，「真的只能到此為止了」。

我挺喜歡你的，但這事過去了。

你應該過得更好，比跟前任在一起的時候還要好。

不如就把這個加好友的請求，當成是對方一次手滑的失誤操作吧，又或者誠實點，「我是真的不想再加回來了」，都好。

不管是你收到了前任加好友的請求，還是你有那麼一瞬想要同意請求，以此來窺探他的生活，我都希望你能冷靜下來，好好想想，他真的那麼重要嗎？你真的放不下嗎？你走過的路，即便山高水長，其實都不必再和他說。

電影總是太仁慈，讓破鏡重圓，讓舊夢重溫，讓走失的人再相遇，讓沒愛夠的人繼續愛。我想，正是因為現實中無法實現的東西出現在電影裡，我們才會為之流淚的吧。

回憶和遺憾總會被時間沖淡，逝去的人和事終究會成為回憶裡的點綴，再驚不起一絲波瀾。

我曾熱切而無畏地愛過你，我曾赤誠而天真地愛過你，我曾絕望而期待地愛過你，但是一切都已經成為過去。沒有人會永遠留在原地等一個人，也沒有人會頻頻回頭去看已經模糊的風景。

或許我對你仍有愛意，但我已經不想和你在一起了。

———

在網路上看到過一則引起熱烈討論的發文：為了報復前任，你都做過哪些事情？

翻了翻留言，還真是讓人哭笑不得。

我朋友 Ada 的例子值得提出來討論。

Ada 和初戀男友在一起七年，眼看著到了第八年，男友和公司老總的女兒談起了戀愛。是的，Ada 被劈腿了。從前和 Ada 在一起的時候，男友總是說等自己晉升到部門經理後就結婚，但和白富美認識不到三個月就宣布訂婚了，也對，估計這一結，何止是經理的職位。

Ada 把自己關在家一個星期，隨後馬上答應了身邊一個男生的追求，條件是要盡快結婚。我們當時知道後都勸她，才認識這麼短時間，彼此都不了解，不要這麼衝動就做決定，但她完全聽不進去。

你以為她為了什麼，不過就是為了給前任寄去一張喜帖。她到底有沒有報復到前任，我們無從得知，但兩年後的今天，我們聽說 Ada 正在跟老公打離婚官司，爭孩子的撫養權。

為了享受那一點報復的快感，她就這麼輕易地把自己下半生的幸福，交給了一個不怎麼了解的人。

傻嗎？真的很傻。

報復前任的各種方式裡，最傻的一招，大概就是傷害自己了。殺敵一千，自損八百。有些東西已經丟了，就別再讓自己不快樂了。

———

當你興高采烈地穿著新鞋出門，但一出門口就踩到了泥巴，你想讓那塊泥巴毀了你一天的好心情，還是去把它蹭掉，繼續走你的路呢？

抓著那一點不甘心不放，砍向別人的劍，最後都插在自己身上。

戀愛時，他是世界唯一；分手時，恨不得除之而後快。

反反覆覆地糾纏，讓對方疲於應付，也花費了自己大好的時間，真的有必要、有意義嗎？報復完一時爽，但爽完之後呢？你捫心自問，真的就高興了？釋懷了？放下了？

我不是勸你寬容，我只是覺得，因為折騰前任而浪費自己現在和以後的時間，真的不值得。

如果只是讓前任雞飛狗跳倒也罷了，萬一哪天走上極端，做出一些無法挽回的事情，一是會讓自己心理變得更加扭曲，二是你根本沒辦法去收拾這爛攤子。

　　本是為了懲罰前任，最後變成懲罰自己，太虧了。
　　是新歡不夠好？偶像不夠帥？還是逛街不夠嗨？非要每天揪著一個舊人不放，何苦呢？

———

　　前任會不會想念你這件事，其實不是你能決定的，而是取決於他在離開你之後的人生過得如何。

　　如果說，他跟你分手之後遇到的女孩子，各方面都比你好，那麼不好意思，即使你再優秀，他不太可能會想起你。但如果後來遇見的人有不如你的地方，不管是性格、顏值還是出身，他都會懷念你一下。又或是，之前跟你在一起的時候很順，分開之後栽了，過苦日子了，也會想念你。

　　別想啦，試圖引起前任注意，讓對方後悔，都是挺傻的事。
　　因為當你不再參與到對方人生的時候，悲歡都不因你而起，你只是對方生活片刻裡閃現的紀念品，你並不能左右自己的出現和停留，一切毫無意義，不如向前看。

既然是前任，就讓他留在過往的時間裡。

報復他幹嘛？不管當初是因為什麼，至少在你們決定分開的那一刻，彼此都覺得沒了對方自己會更好。一別兩寬，別為難自己。

一生很長，把那塊絆腳的石頭踢掉，沒必要在原地自怨自艾。

一生又很短，短到愛一個人的時間都不夠，何況去恨一個人？

02
女孩們，要不要選擇自己買房？

—

不管是賺錢還是買房，
最終想要的都是好好生活

買房不一定是所有人的必修課。

若有能力，就為自己置辦一個家，它能帶給你的，遠比你想像的更多。

若還未能得償所願，那就加把勁去獲得有一天可以達到目標的能力。

你現在可以沒有屬於自己的房，但你不能沒有買房的意識。

不管是賺錢還是買房，最終想要的都是好好生活。

2020 年的新冠肺炎疫情，讓我們每個人都當了一把「肥宅」。

不少人已經開始盤算，等到疫情過去後，自己到底要做點什麼？先吃一頓海底撈，還是喝一杯星巴克？先買一杯喜茶，還是先點一碗鮮奶芋圓？是先去酒吧放飛一下自我，還是衝進藥店囤點口罩以備不時之需。

但我的朋友妙可卻說：疫情結束後，我一定要買房！

妙可是一位旅遊部落客。

她曾說，出於對自己職業的尊重，絕不買房。在她看來，房子是拿來住的，在哪裡都一樣，租房過日子也挺好的，沒必要買房，剩下的錢用來吃喝玩樂就好。

如今她卻說：「在尊重職業之前，我要先尊重自己。」聽聽，女人改口多快。

「你的夢想不是用賺來的錢全世界到處玩嗎？」

妙可臉一拉，瞪我一眼說：「小孩子才有夢想，成年人只想買套房。」

改變妙可想法的是兩件事。

疫情期間，遵紀守法的妙可一直宅在家。雖說房子與人合租已有三年，但由於職業的原因，她大部分的時間都是在各地

間飛來飛去，經常是回來收拾點衣物又出門。

她第一次這麼長時間待在家，才發現處處不方便。

原來廚房的插座早就壞了，想要煮飯只能把電磁爐搬進臥室，用臥室的插座；另一位合租女孩的男朋友，疫情期間也住在這裡，他是做遊戲實況主的，每天在客廳通宵連麥打遊戲，臥室裡的妙可被吵得快要神經衰弱了，且跟男孩溝通了很多次都無效；那個容量又小又老舊的電熱水器，在另一個女孩洗完澡後，還要等加熱很久才能洗；在半個月一次去超市採買的路上，妙可收留了一隻流浪貓，房東便以此為理由漲了房租……

在第 N 個被吵得睡不著的夜晚，失眠帶來的暴躁讓妙可衝到客廳，用不客氣的語氣跟那個男孩吵了起來。寡不敵眾，合租的那個女孩自然是要幫自己男朋友說話的。

在整場爭吵中，妙可只記住一句話，那就是：「你要真怕被打擾，就別租房，有能耐你搬出去！」

這句話在妙可的腦子裡嗡嗡地迴響，她穿上外套，戴好口罩，抓起包包就出了門。半個鐘頭後，站在街上吹冷風的妙可有點後悔了。畢竟這麼衝動跑出來，根本沒想好去哪裡，疫情期間酒店不接收新客源，這麼晚去朋友家很是唐突。最後，她不得不回到租屋處。

看著灰溜溜鑽進臥室的妙可，那對情侶似笑非笑的表情彷彿在說：「不還是得回來。」

躺在床上的妙可環顧四周，書架是打折時候買的，靠枕是精心挑選的，五斗櫃是自己組裝的，牆上照片滿是自己工作的留念，可是這一刻，她覺得這些都不屬於自己。

受限的空間、被打亂的作息，這些以往沒有注意到的事，在這一次集體向妙可撲來。小貓過來蹭了蹭，「哦，對了，還有你呢，下次走我一定帶著你。」妙可撓了撓小貓的頭。

一套屬於自己的房子，不僅僅是水泥堆砌的一個小小空間，它意味著安全感和尊嚴。

———

疫情期間發生的這件事，讓妙可動了買房子的心思，但真正讓她下決心買房的，是第二件事。

妙可談了一個很不錯的男朋友，他是個美術老師，休假的時候就會陪著妙可滿世界轉。

妙可決定把自己租的房子退掉，跟男友同居。我認真地勸過她再好好想想，「婚前同居確實可以更了解對方，但是別這麼著急，我建議你先保留著自己的房子，週末一起做做飯、

追追劇其實也蠻好的。」

「那不是浪費錢嗎？水、電、瓦斯和供暖都要交兩份，太不划算了。既然相愛，何不住在一起？既能貼近彼此，又能省錢呢。」

反正妙可沒有將我的建議聽進去，快速地退了房子，省下每月幾千的房租，旅行的次數也因此變多了。每次看她上傳的新視頻，那些山河美景配上她和男朋友的笑臉，我是真的為她高興。

但這份高興截止到上個月。有天晚上我接到了妙可的電話，電話那頭她聲淚俱下地抱怨和男友吵架，結果一氣之下在家裡摔東西，被男友趕了出來，現在一個人坐在自家樓下的咖啡店裡掉眼淚。她在電話裡邊哭邊跟我說：「我沒想到自己會被他趕出來，我不過是摔了他的調色盤而已啊，現在也沒有地方去，身分證忘了帶出來。」

我又急又氣，想訓她幾句，不忍心，於是掛斷電話去接她。

一路上我們沒怎麼交談，到家後我倒了杯熱牛奶給她，放了熱水讓她洗澡。看她泡在浴缸裡，情緒平緩下來，我倚在浴室的門上跟她說話。

「你在我這兒先住一陣子，過幾天我再陪你找房子。」

「又麻煩你一次。」

「談不上麻煩，只是你現在明白了嗎？愛情是脆弱易變的東西，你要給自己留有退路才行。」

妙可泣不成聲，不再說話。兩次都是與人吵架，兩次都是吹了冷風，這讓妙可暗下決心，一定要買一套屬於自己的房子。

你的房子就是你獨立自主的價值，獨居不是讓你保持單身，而是讓你擁有隨時單身的權利。

———

《一間自己的房間》這本書中就提到過這樣一個觀點，獨立女性應該有屬於自己的閒暇時間，有一筆由她自己支配的錢，以及一個屬於她自己的房間，唯有如此，才能真正「成為自己」。

我曾經也是「城市遊牧民族」的一員。

兩年搬了 4 次家，每一次搬家，都是對體力、智力和內心承受力的暴擊。

比如打包時的無助，打包完發現還有一個抽屜的東西忘記收；舉著箱子爬樓梯時覺得自己宛若超人，箱子突然破掉東西撒了一地；兩個書包，一個朝前背，一個向後背；左右手各一個大行李箱，右邊行李箱的輪子還卡卡的……

我是那種後知後覺的女孩，那時候我對生活和未來可以說是沒企圖心。雖然每次搬家都是合租，要和人共用天花板，但也算是有個家了。

租房期間，我還在宜家買了一盞很好看的布藝落地燈，又在網路上淘來一幅油畫。

我第一次對房子感到不安，就是合租的姐姐定了婚期準備搬走。房東給我兩個選擇，要麼我也打包搬走，要麼就租下整套房子，至於我會不會轉租另一間房，他不干涉。

我看了看存摺上的餘額，決定另找房子。

我以前從沒想過，我會因為房子而沒有安全感。

不知道是否有很多人會和我有一樣的感受：年輕時憤世嫉俗，對金錢嗤之以鼻。但到一定的年紀，遇到一些事後，就真的會因為沒有房子而感到恐慌。

那時候我開始明白，買房和入學考試一樣，是我人生路上不得不面對的事。想跑？沒門！

2015 年的元旦，我結束多年的租房生涯，搬進真正屬於我的房子。

沒有親人朋友來祝賀的熱鬧場面，只有我自己端著一口新鍋，旁邊跟著狗狗。聽說在鍋裡放上白米和橘子更吉利，我又跑下樓買了 6 個橘子放在裡面。我在沙發上躺了許久，環顧

這個還有很多東西需要添置的家。心裡像是有什麼東西，突然就落了地。感覺整個人變得踏實、不慌、不怕、不恐懼。

後來有人問我：「你有沒有覺得買房是一件很酷、很了不起的事呢？」

「並沒有，我只是不必在去洗手間的時候，擔心裡面有人；不必在夏天因為穿睡衣在客廳走動而覺得難為情；不必顧慮打擾到別人而整日把狗狗關在一個房間裡。我更自由了。」

「那你買房的勇氣是從哪兒來的？」

「買房需要勇氣嗎？買房需要的是錢。」

——

我在《你的美貌不敵你的熱鬧》那本書中寫過的蓁子，那個婚後當著少奶奶，享受優渥生活的學霸校花，她在婚前就先給自己買了一套房。

有人不解，認為她老公家裡條件很好，房產更是不少，為什麼她還要在結婚前自己買一套？

蓁子卻不這麼想，她說：「我老公家裡的房子再多，那也是他的婚前財產，跟我沒有關係。他的房子我們確實共同使用，卻始終不是共同擁有。我不要求他在房產證明上加入我的名字，但我要求自己擁有一套屬於自己的房子。」

接著她開玩笑說：「萬一哪天婆家欺負我，家世、學歷和顏值似乎都使不上勁的時候，至少我還有把房契往地下一砸的底氣。」

蓁子和她老公是我朋友圈裡，少數婚後仍然甜蜜不減的夫妻。即便是這樣，蓁子仍然有自己的小算盤。

這沒錯，也談不上什麼世俗不世俗，為自己多打算一點，天經地義。

隨著獨立生活欲望的加強和經濟實力的累積，多數女性都有了買房計畫。越來越多的女性認為，買房不僅是一種投資，也是為自己的未來加上一道安全鎖，給自己一份保障和底氣。

買房後，女性不必為了找個棲息之所而結婚，不必害怕失去容身之處，而不願擺脫痛苦的婚姻。或許有天愛會走，人會散，但是房子，風雨不動，永遠在那裡等你。

——

伍爾夫（Virginia Woolf）曾經說過：「女人的獨立是從擁有自己的房間開始的。」

我喜歡的青年作家楊熹文也曾說過一段話：「勸誡女孩們有能力的時候，一定要買房，一個能夠自我揮灑的房間，一間屬於自己的書房，一個可以無拘無束的空間 。但凡極致想買

房的女孩，一定是不求依賴他人的獨立女性，不知是否聰明，但絕對活得明白。」

很多人並不是不知道一套屬於自己的房子有多重要，但就是下不了決心買。現金買？感覺自己被掏空。貸款買？背了債，還房貸，生活品質必然無法保證。

我也有過這段心理掙扎，存錢太辛苦，平時要花錢的地方那麼多，放棄哪個都有點不舒服。但我還是想說，當你擁有自己的房子時，不管這一天多疲憊，即便是遇到暴躁的老闆、「甩鍋」的同事、無禮的賣菜阿姨，你站在樓下，看到那麼多窗戶裡映出的燈光，你知道其中有一盞是屬於自己的，爸媽就在那裡，你養的貓貓狗狗就在那裡，你的戀人就在那裡，廚房裡的煲鍋「咕嚕咕嚕」地響著，排骨湯的香氣即使關上門也藏不住。「哢嗒」一聲推開門，就有人笑著對你說：「回來啦，洗手吃飯。」一想到這些，你就會忘掉今天遭受到的惡意，原諒這世界的不美好，心裡就會格外踏實。

在心裡對自己的經濟能力做一定的評估，如果你有能力付頭期款，每月還貸也沒有太大壓力，那麼你真的可以考慮給自己買房。

但沒有人會喜歡因為要月月還貸，買一件漂亮裙子都要猶猶豫豫直到它下架。不能讓買房成為你壓縮生活品質的理由，要在自己能力承受範圍之內，選擇合適的房子，不要讓買房成

為你不快樂的原因。

如果你的父母有經濟實力能幫你一把，其實也未嘗不可。

接受家裡的幫助，要懂得感恩和回報。「父母就應該給我安家立業」的想法，最好不要有。一切因為愛你，而非理所當然，更不可把這種付出當作無可厚非。

買房不一定是所有人的必修課，若有能力，就為自己添置一個家。它能帶給你的，遠比你想像的更多。若還未能得償所願，那就加把勁去獲得有一天可以達到目標的能力。

不管是賺錢還是買房，最終我們想要的都是好好生活。

人生大事，人間冷暖，許多都跟房子有關。
你現在可以沒有屬於自己的房子，但你不能沒有買房的意識。

2015 年的元旦，上午 9 點，
我牽著卡卡，端著一口新鍋，搬進屬於自己的家，
徹底結束與人共用天花板的合租生涯。
聽說在鍋裡放白米和橘子更吉利，
於是我又跑下樓買了 6 個橘子。

有人問我：你買房的勇氣是從哪兒來的？
買房需要勇氣嗎？買房需要的是錢。

03
我們真的比同齡人過得差嗎？

———

每個人的花期不同，
不必焦慮有人比你提前擁有

人跟人的生活節奏不一樣。
有人 3 分鐘泡麵，有人 3 小時煲湯，
有人的外賣已送達，有人剛切好薑蒜和肉。
燒烤攤上最快的菜是拍黃瓜，有些包子第一口咬不到肉。

你選擇了你要的方式，就堅定下去，別胡思亂想。
每個人的花期不同，不必焦慮有人比你提前擁有。

很多人對於年齡都挺敏感的。

比起不想被人知道自己年紀幾何,更擔心的是別人覺得自己所取得的成就、擁有的物質配不上自己的年齡,或者說,配不上這個年齡層的人應該有的水準。

也難怪,誰叫現在的年輕人越來越厲害了呢。

「95 後」創業成功,「oo 後＊月入過萬……」媒體平台不斷地用資料刷新我們的認知。從前我們認為要奮鬥個至少 10 年才能達到的目標,有人竟然比你提前許多完成了。

有兩件事讓我深深感受到同齡人帶給我的危機感。

一件是在大學時期。

隔壁宿舍有個女孩英語成績很好,聽讀寫皆優秀。我和她同一天去老師辦公室做值日生。那天老師的電腦裡正放著一段英文,老師問:「聽懂在講什麼嗎?」我心虛地擺弄手裡的掃帚,那個女孩說:「講的是達文西年少時期的事。」老師轉過頭看了看我,我尷尬地說:「有些詞沒聽出來,大概意思聽懂了。」

其實呀,哪裡是聽懂了大概的意思,我是全程沒聽明白。可能是太緊張,耳朵自動喪失功能,也可能是我當時的英語真的很差。

那種感覺直到今天再想起,還是會覺得羞愧。但凡有點自

尊心和自信心的人，都會感受到被打擊的落差和苦澀。

這件事讓我難過了好一陣，同樣的年紀，同樣的科系，同樣的老師在教，但我們的英語水準相差的不只有一點。

另一件是近兩年我感受到的。

在一次圖書交流會上，我見到了自己關注已久的一位青年作家。微博 50 萬的粉絲，廣告接到手軟，不僅如此，她還是各大出版商想要合作的對象。會場後台，我找機會和她打招呼，閒聊幾句後才知道，她年紀比我小三歲。

回到家打開微博，看看自己四位數的粉絲量，深吸一口氣，你說這怎麼可能沒有挫敗感和自卑感呢？

———

好，現實生活夠讓人喘不過氣了，不如上網放鬆一下。但你會發現，這不看還好，看了才發現同齡人的人生好像都開了二倍速：

小紅書上有人 20 歲買下套房，25 歲開心買新車，而我們可能還在還貸款；健身 APP 裡有人自律到一天兩個蘋果，頓頓水煮菜，而我是名副其實的「乾飯人」；微博上有人年度業績第一，而我正在翻明星們最新的八卦；抖音裡有人周遊世界，看山川湖海，而我週末宅家刷劇睡覺；朋友圈裡有人裝修婚房，升級成為爸媽，而我在考慮是養隻柯基還是邊境牧羊犬呢……

想來是有點慘吧，我扎根在一層又一層，比我厲害比我強，月收入是我的好幾倍的人中間。如果說我看到別人年薪百萬一點都不心動，看到別人擁有百萬粉絲一點都不憧憬，看到有人順利拿到錄取通知出國深造一點都不羨慕，那我一定是騙你的。面對優秀的同齡人，我也會焦慮。

　　難道沒有跟同齡人搬進同一個高檔社區，就是我們不努力嗎？

　　我覺得不是的。

　　就像那個英語比我優秀很多的同學，如今回望當時，才發現那時候的我，僅僅看到「我們年紀一樣大」這件事，卻沒想過她 7 歲隨家人到國外生活了將近 10 年，她對英劇、美劇極感興趣，對英語的熱情遠勝於我。

　　還有那個比我小幾歲，卻已經在自媒體占有一席之地的女孩，她在自媒體剛剛萌芽的 2015 年就抓住機會，利用課餘時間打理自己的社群帳號，憑藉自身突出的文筆收穫了成績。而那時候的我，剛剛得到來之不易的電視台實習機會，每天都在為能學習到新的東西而開心不已。我和她，在不同的方向、不同的領域，做著各自認為有價值的事。

———

再聊聊我朋友吧。

我的一個好友，在北京一家頗具規模的企業工作。去年一月我去北京出差，在她那裡小住三天才發現，她何止是忙，可以說是非常拚命了。

晚上加班到十一點以後是常事，回到家後吃些簡餐，然後一邊泡腳一邊改 PPT，睡前還要做第二天的工作計畫。快凌晨一點的時候，我看客廳的燈還亮著，便催促她快點睡，有什麼事明天再忙。但她卻說：「不行呀，我待會要把今天的會議內容再看一遍。」

她什麼時候躺下休息的我不知道，只知道第二天早上七點我醒來的時候，她正叼著一塊麵包，匆匆忙忙穿上鞋子，準備出門。接著再重複同樣強度的工作。

可是你知道她一個月的薪水多少嗎？

在北京，稅前 8000 元，扣掉五險一金、房租水電，她能落下的也就不到 4000 元，這還沒算上伙食費、社交費、購買生活用品和添置衣物的費用。

在我看來，她真的很棒，對自己有規劃有要求，對工作積極又認真，可是如果用媒體放出的資料來評估，她也不能倖免成為被同齡人拋棄的那撥人。

我能感覺到，她在說起和她同一年進入公司的同事，已

經獨立完成一個案子時；說起比她小一歲的同事，昨天發了婚禮喜帖時，說起另一個部門的同事，去年年底貸款買了一套小坪數的房子時，她也在焦慮。

———

像我這位同學一樣用盡全力生活的人，不是少數，可是我們都無法避免一件事，那就是在對自己生活幸福指數的判斷標準裡，有非常大的一部分，來自自己與別人的比較。

比如：別人買房了，自己沒有；別人住洋房，自己只有小公寓；同齡人在職場裡風生水起，而自己事業瓶頸期長達 2 年；甚至別人家的孩子考了第一名，而自己家孩子成績中等，也會覺得不幸福……

我們對於幸福的太多標準，都是被別人塑造的，而一旦升起「比較心」，就會痛苦、焦慮、自我懷疑。

有人說，痛苦的本質是「現實」和「期望」的落差。當現實的情況匹配不上我們內心的期望時，我們就會產生痛苦的感覺，而痛苦的感覺會摧毀我們的幸福。

不得不承認，這世上一定存在一些人，剛剛畢業就能自主創業成功，月入 10 萬，他們年紀輕輕就實現我們想要的一切，早早走上金光閃閃的康莊大道。但這些，畢竟真的只是少數。

大多數的我們，都是那種放在人堆裡都找不出來的。普通人眼界閱歷都有限，但也在各自的領域內，盡情施展著自己的才華。

金錢和地位，的確是代表一個人成功與否最直接的標誌，但是，恕我不能接受那種如果沒有月入多少，就全盤否定一個人的努力的觀點。

所謂同齡人，可能除了「年齡相近」之外，再無更多共同點，每個人的見識、經歷、家世、資源、天賦、選擇、能力等方面，都天差地別，根本不具備可比性。

用一個量化的數字去綁架別人，盲目為他人的生活做評分，真的有待商榷。

每個人在不同階段都可能感到焦慮，它無法被消除，卻可以被管理和轉化。

——

「人生贏家」這個概念紅了很多年。但是什麼才叫作「贏」，真的很難解釋清楚。

是所謂套現 15 億的「80 後」？是手握多間套房的「90後」？還是化身部落客後粉絲百萬的「00 後」？在我看來，這些極端的特例並不能說明什麼。

我們可以佩服他們有能力、有魄力、有膽識，但同時，也不能忽略背後的運氣和巧合。

可以去查查國內創業的成功率與失敗率，以及企業的平均壽命。你說，那些創業未能成功的人，能說他們不夠努力、不懂得拚命嗎？

不是的，而是創業這件事本來就存在「倖存者偏差」，需要眼光、機遇、決策、能力融合在一起，沒有什麼絕對成功的祕訣可言，不是熬到凌晨四點、不吃不喝、頭髮掉光就能成功的。

總是有人喜歡利用這種「倖存者偏差」來灑做勵志雞湯，製造焦慮，什麼「oo後」已經身價過億、年薪百萬是一種什麼體驗、從月薪 2000 到月入 5 萬他只花了半年時間、從零收入全職媽媽到年薪百萬女強人她只做了一件事……

偏偏，吃這一套的人還不少。

說白了，這種焦慮不僅有毒，而且很蠢。還記得那句話嗎？人做得最蠢的一件事，就是拿別人的成功來否定和抹殺自己。

那些光鮮亮麗的同齡人，也許跑得很快，也許跳得很高，即便他們年紀輕輕，就已經實現我們夢寐以求的一切，但只要每一天你都還在為自己努力著，你就真的一點也不差。

有時候，拋棄你的不是同齡人，而是「勵志雞湯」。

不知道你有沒有發現，那些被「套現 15 億的同齡人」搞得焦慮無比，一邊轉發社群一邊感慨自己是失敗者，看著薪水和房價眉頭緊皺、翻來覆去睡不著的人，往往第二天醒來就重新原諒了自己，沒有任何改變。勵志的雞湯在他的胃裡只是短暫停留，沒有帶來任何營養，只能等待著下一場「同齡人」的拋棄和暴擊。

其實什麼都沒有變，只是徒增了自己一時片刻的煩惱罷了。

———

某綜藝節目新一季裡有一期辯題很有意思：
「同齡人比自己過得好，該不該玩命追趕？」

如果真的想追趕，那也應該是為了自己能在某段時間內取得一些成績，而不是為了別人而玩丟了自己。像我前面寫過的，「同齡人」三個字本身就是用年紀來圈定的，可是在很多事情上，我們根本不能，也不需要用年齡來套牢自己。

價值觀和判斷標準從來就不是單一的，只默許一種價值觀和一種聲音的出現，是不對的。

如果你真的不甘心，非要比一比，那麼同齡人都結婚了，你是不是也要結婚？同齡人都買房了，你是不是也要買房？同齡人都年薪百萬了，你是不是也要年薪百萬？就算你終於玩命追上了同齡人，也不一定會覺得更幸福，因為婚姻是人家嚮往的，你真的也同樣嚮往嗎？或許你更享受一個人的自由。房子是人家的夢想，你的夢想是什麼？或許你的夢想是背上輕便的行囊，去看看遠方的人與詩。

為了自己喜歡的事去努力，為了自己的嚮往而卯足了勁，和志同道合的人做朋友，和自己經濟水準差不多的人吃喝玩樂，和三觀一致的人談天說地，這些難道不比跟同齡人較勁更有意義嗎？

——

至於過得好不好這件事，其實帶有很強的主觀情緒。

如果狹隘地用金錢來衡量自己過得好不好，那麼過得好不好則會變成無底洞，要無止境地追下去。這裡，沒有質疑努力向上的意思，而是在努力向上的同時，我們要停下來問問自己，我到底想要什麼，想過怎樣的生活。

另外有一點要提醒的，就是永遠都有過得比你好的人，追不完的！

世界上總有比你過得好的人，也有相比不如你的人，這很平常。面對比你好的不卑不亢，對待沒你好的多一點體諒，贏得別人尊重的前提是尊重自己的現狀。

那還要不要進步？

當然要！但你努力的目標不該是別人，不該是為了用努力稀釋焦慮，而是為了自己，為了超過昨天的自己。

———

每個人之間都有時差，但沒有快慢之分。

有的人 22 歲結婚，25 歲離婚；有的人 25 歲找到工作，28 歲成了副總經理；有的人 28 歲第一次出國，有的人 35 歲定居國外；有的人 40 歲依然單身，有的人 50 歲才碰到真愛；有的人 60 歲去世，有的人 70 歲還在環遊世界；而有的人，16 歲就碰到這一輩子非他不嫁的人。

你在自己的時區裡，沒有遲到，也沒有早退，你有你的步伐，別人有別人的行程，他沒有走在你前面，你也沒有走在別人後面。

命運給的禮物和災難，一點都不會少；你該走的彎路，一公尺都不差；你不必著急，一切都會準時發生。

我們能做的，是抓住當下每一分屬於自己的時間，編織經歷的密度，好好地、踏踏實實地讓自己變成一個豐富的人。你不需要與其他同齡人進行過多的橫向比較，每個人的生活都只是一種「可能性」，就我們自己而言，重要的是關於自我的深度發展。

不要輕易因為羨慕別人而陷入焦慮，不為某些單一且功利的衡量標準質疑自己。

我們普通人，可能終其一生都走不上星光璀璨的大道，但我們兢兢業業地工作，認認真真地生活，就沒有被任何人拋棄的風險。

我們只是以自己力所能及的方式，去過屬於每個人不同的一生。

和過去的自己相比有沒有進步，是不是已經越來越靠近那個「自己想成為的人」。這就是我們每時每刻努力的價值和意義所在。

04
原生家庭對一個人到底有什麼影響？

—

只有體會過愛的人，
才有勇氣相信愛

你是第一次當孩子，他們也是第一次當父母。
世界上沒有那麼多極端可惡或者完美無缺的父母，
他們也只是有著各種缺點的普通人而已。

不必總是去想「原生家庭欠了我什麼」，
或許是原生家庭幫助我們看清自己，修補自己，而非用來怨恨。
畢竟，我們終其一生，都要為自己負責。

人的一生中有兩個家：一個是我們從小長大的家，有爸爸媽媽，也許還有兄弟姐妹；另一個是我們長大以後，自己結婚成家的那個家。我們把第一個家叫作原生家庭。

最近幾年，關於原生家庭的討論從來都沒有停止過，從國內外心理學書籍，到家庭關係講座，再到影視綜藝節目，都對原生家庭之於個人的影響有一定的探討。

不知道你們有沒有覺得，「原生家庭」這四個字，說出來就似乎天生帶著疼痛感。

我之前看過一項針對原生家庭創傷的覆蓋率和類型方式的調查。該調查顯示，在 18 ～ 29 歲年齡層的人群裡，有 82% 的人表示曾經遭受過家庭創傷，且大多數源自於父母，只有 18 % 的人認為自己的成長過程是非常快樂的。

可見，來自家庭的創傷是很普遍的現象。相比較大家都知道的那句「幸運的人用童年治癒一生，不幸的人用一生治癒童年」，我更贊成「人花一生的時間來整理童年」。

——

我曾經收到一位讀者 107 條私訊留言，你沒看錯，是 107 條。

在這 107 條留言裡，她主要說了兩件事。

第一件事，是重男輕女的家庭觀念，這讓她敏感且自卑。

比她小兩歲的弟弟，每年都可以換最新款的手機，而已經高中畢業的她，還沒有一支屬於自己的手機。用來發私訊給我的手機，是向弟弟借來的。所以這就不奇怪，為什麼在發完這107條後，她沒有等我的回覆就刪除我，因為她不想被家人發現。

她家境平平，父親在外打零工，很少過問家裡的事，偶爾回來，和她的母親也是爭吵不斷。母親易怒且偏袒弟弟，對她從無半點關心。

在課業方面，父母對她也只會採取高壓的管教方式，動輒打罵，也不歡迎她帶同學來家裡做客。所以，她沒有朋友。

她成績很好，卻極少得到父母的認可和老師的表揚。班級活動，她從來都是直接被忽略。同學們討論的話題，她經常插不上嘴，偶爾說幾句，大家也根本注意不到她。女孩們在一起聊明星的八卦，她不知道；聊綜藝，她沒看過；說起哪裡的風景，她可是連省都沒出過。

從家裡到學校，她每一天都活得小心翼翼、戰戰兢兢。

她不知道該跟誰訴說困惑，也沒有人願意花時間來聽。更多的時候，她只能一個人躲在房間裡偷偷地哭，為自己的笨拙、自卑、敏感，也為自己的出身。

物質上的問題，只要你願意，透過時間和努力終會改善；但精神上的匱乏，卻不是幾句「一切都會過去的」「加油」「你

是最棒的」就能輕飄飄拂去的。

第二件事，是 17 歲的她第一次有了喜歡的男孩。

但她從不跟他說話，甚至連眼神交集都沒有。她的喜歡，是上課的時候偷偷用餘光看他，是繞很遠的路假裝從他身邊偶然經過，是在廢棄作業本的最後一頁，一遍遍地寫男孩的名字。

她說：「姐姐，我喜歡他，但我覺得他不會喜歡我。等我長大了，我也不想結婚。」

在父母吵架中成長起來的孩子，往往會對愛情和婚姻缺乏信心。得不到關注和關心的孩子，往往也不會表達愛。

他們把一切親密關係拒之門外，哪怕遇到喜歡的人，一想到家庭和父母，也會默默告訴自己「算了吧」，明明年紀不大，卻失去了愛別人的能力。

原生家庭對一個人愛情觀最大的影響就是，只有體會過愛的人，才有勇氣相信愛。

——

有人問我：「特特，你的家庭帶給你最大的影響是什麼？」
於是我第一次思考了這個問題，那就是，我並不想生育

下一代。

　　我的父母屬於傳統型，他們勤勤懇懇工作，重視教育，把一生奉獻給孩子。也正因如此，從小資質一般的我被寄予厚望。

　　獨立，是父母從小到大對我的教育裡始終貫穿的點。

　　他們常說，不能因為自己是女生，就有依靠他人的想法，要有自己的能力、事業和生活。他們總是告訴我，想要什麼，就自己去爭取，爭取不來，說明你還不夠優秀。

　　這背後或許恰恰也是因為他們能給予我的是有限的，我想要額外的就只能自己去賺。

　　當有一天我突然發現，那些沒有承接完成父母夢想這一任務的女兒們，活得不辛苦也不焦慮時，我心裡像是被人用錘重重地砸了一下，「哐啷」那聲迴響久久不散，砸得我生疼。

　　我的父母愛我，但同時也強加給我一些他們自己都無法意識到的東西。未完成的心願，未竟的夢想，未享受的風景，他們希望我能代替他們實現，於是我要不斷地做得好，做得更好，提交高分考卷，比同齡人更早取得成就，才能填平父母心裡的人生遺憾。

　　我不想自己有一天成為這樣的父母，更不想我的孩子要重蹈覆轍，承擔替我繼續人生闖關的任務。

有人評價我的不婚不孕是因為自私，因為不願意放棄目前自由自在的生活，實際上恰恰相反。

　　我並不懼怕解鎖新身分，而是新身分背後要承擔的東西，我目前還無法做出估量。

　　生命需要慎重對待，做父母不需要考試，但要能肩負起責任。正因為我想對生命負責，才不想做那個 60 分的家長，更不想讓我的孩子承受因此而帶來的苦痛，才會要慎重邁出那一步。

　　一提起原生家庭對人的影響，很多人首先想到的就是家裡有沒有錢。

　　對於家庭發展來說，錢固然重要，但比經濟條件更重要的，是健康的家庭觀念，是為人處事的方式、認識世界的途徑，以及對待世界的態度。誠然，金錢確實會起到一些作用，可是影響更大的，是在每一天每一秒每一個細節裡，家長的言傳身教。

———

　　這幾年，原生家庭的概念和影響逐漸被大眾所熟知，也不可避免地成了很多人生活不順、心理不健康的黑鍋。

　　內心自卑的，說是從小沒有從父母那裡得到過認可；性格敏感的，怪父母對自己的關愛太少；驕傲自大的，怨父母疏

於管教；金錢崇拜的，說自己是窮人家孩子出身……

我曾留意過，無論是在身邊還是在網路上，喜歡討論「原生家庭」這一問題的，大多是 17 歲到 30 歲之間的人。

年紀再小一些，根本還沒意識到原生家庭的問題，再成熟一些，人生方向已定型，再多討論也無益。而 17 歲到 30 歲，恰好是大多數人的自我認知、自我檢視、自我思考以及自我懷疑的時期。

我們都開始發現自己的缺點和短處，發現自己使盡全力，可能也無法成為小時候作文裡想要成為的那種很優秀的大人。

父母對子女的寬容、理解和尊重會變成盾牌、肌肉和能量，足以讓子女在日後的風雨人生中步伐穩健、底氣十足。

相反地，父母的刻薄、詆毀和冷漠會變成一種情緒綁架，像牢籠和黑洞，足以摧毀一個人本該光明的人生。

如果你用游泳來評判一隻鳥的能力，那麼這隻鳥一生都會相信：自己是一個蠢貨。

———

什麼樣的家庭才能養出人格健全的孩子，從來就沒有標準答案。

但看了很多關於原生家庭問題引發的案例之後，我深深

地覺得，三觀端正、情緒穩定、人格健全的父母，他們的孩子在心智、情緒、人際、感情等方面，才會有良好的走向。這其中一定少不了愛、理解、溝通和引導。

不必總是去想「原生家庭欠了我什麼」，或許是原生家庭幫助我們看清自己，修補自己，而非用來怨恨。

在絕大多數的家庭裡，父母是愛我們的。但我們的父母，也是他們那個時代裡平凡的小人物。他們受限於陳舊觀念、知識水準、素質技能和成長背景，不懂也不會表達自己對子女的愛，儘管父母再悉心照顧，你成長過程中許多可能給你造成傷害、留下陰影的瞬間、細節，也是他們無法預知和避免的。

有些事，父母就算拚盡全力，也未必能夠避免。

如果原生家庭傷害了你，你要做的是發現問題和改變自己，而改變自己的前提，是換一種新的視角，重新看待原生家庭，比如你的父母也只是普通人而已。

你是第一次當孩子，他們也是第一次當父母。世界上沒有那麼多極端可惡或者完美無缺的父母，他們也只是有著各種缺點的普通人而已。

———

　　我們不逃避原生家庭帶來的問題，也不否定我們的一生多多少少都會受到父母的影響，這並不是一道無解的難題。

　　我們一生很長，不是沒有修復的機會。決定人生好壞的，除了家庭，還有自己。

　　傷害如果只能是傷害，那麼它毫無意義，只能帶給你痛苦。但你如果可以讓它幫助你成長，那才有意義。

　　我們每個人都從家庭裡來，我們身上的很多特質，有的值得放大，有的想要隱藏，這些特質的背後，無非來自原生家庭的愛和傷痛。

　　美國著名家庭治療師維吉尼亞・薩提亞（Virginia Satir）曾經說過：「一個人和他的原生家庭有著千絲萬縷的聯繫，而這種聯繫有可能影響他一生。」

　　透過原生家庭，你要認識你自己，分辨自己身上的哪些特質是要修正和摒棄的，哪些是要繼承和優化下去的。

　　這世間所有的事情都有兩面性，連原生家庭的傷害也是如此。

　　有的時候，我們身上那些幫助自我成功的特質、優勢，背後卻藏著原生家庭帶來的傷痛。

———

　　我有一個很要好的朋友，十幾年友情的那種。

　　她小學的時候，家道中落，原本富裕的生活一夜之間變得拮据起來。她父親從此頹廢不振，整日在家借酒消愁，後來去一個工廠打工賺取微薄的收入。她母親在醫院做護士，去年退休後，每月領退休金。

　　她父親從來沒有為她的未來做過打算。考大學填志願、新生報到、假期打工，她都是一個人。她的父親甚至連她念的大學名字、讀的什麼科系都一概不知。

　　她做事特別負責、努力，有超強的責任心，正是因為父母的「從不過問」，讓她提早明白只有自己才靠得住，而且父母終要老去，她要承擔照顧家庭的責任；她熱情善良，從不譏諷嘲笑家境不好的人，並且願意伸出援手，因為家中遭遇變故後，她受盡親戚的嘲諷挖苦，以及冷漠和白眼；除了工作，她還兼職打幾份工，透過努力為自己付了一套房子的頭期款，因為父母沒有多少積蓄，這個家庭的希望只在她一個人身上。

　　心理學家阿爾弗雷德・阿德勒（Alfred Adler）認為，一段經歷、一段心理創傷，不會是人成功或失敗的原因，人們賦予這段經歷或傷害什麼意義，才會決定我們最終的人生走向。

　　你還有很多時間，把原生家庭帶來的負面影響降到最低。

如果本來並沒有差到極點，就不要放大父母的一些失誤，不要在抱怨憤恨、自怨自艾中賠上一生。

作為成年人，我們都擁有寬容、原諒和自癒的能力。

如何跟原生家庭和解是人們一生要學習的課題，而怎樣把人生的主動權拿回到自己的手裡，更是當務之急，不是嗎？

東野圭吾在《時生》一書中，曾對原生家庭有這樣的解釋：誰都想生在好人家，但無法選擇父母。發給你什麼樣的牌，你就只能儘量打好它。

懂得接納原生家庭的不完美，也就懂得接納自己的不完美；學會打破原生家庭的桎梏，也就找到新的自我。

如果原生家庭沒有給你足夠的愛，那你更要懂得愛自己，去彌補那些缺失的愛；如果原生家庭沒有給你提供太多經濟上的支持，那就自己努力賺錢；如果原生家庭讓你變得自卑，那就一點一點學著去變得自信。

誰都無法選擇原生家庭，選擇什麼樣的人做父母。你無須因為父母的過錯而懲罰自己一生，你同樣是值得被愛的人。

畢竟，我們終其一生，都要為自己負責。

來排練室探班一位做音樂的朋友。

書上說，

世界上有三樣東西不用語言就可以互相溝通，

它們是音樂、美食與愛。

05
你會嫉妒朋友比自己過得好嗎？

—

不希望別人過得好的背後，
是害怕自己不夠好

友情的可貴，
在於那個人是你選擇的沒有血緣關係的家人，
但有愛不代表沒有競爭。

我們要允許，友誼裡不是只有甜，還有競爭和比較。
在「我不希望他比我過得好」的心態背後，其實是害怕自己不夠好。
切記，當愛與競爭面對面時，不要讓競爭占了上風。

週末收到一個讀者的私訊。

「特特，你說很好很好的朋友之間也會有嫉妒嗎？」

「當然有。」

她有一個要好的閨密，兩個人從小在一個院子裡長大。如今同在一個城市工作，每週末都要碰面，兩個人說好要給對方當伴娘。

閨密最近有兩件喜事，升職和脫單。升職後的她告別了悶熱的格子間，有了屬於自己的獨立辦公室。而有個家境頗好的追求者追了她一年多，終於如願。

在一次聚會結束時，閨密被男朋友的豪華轎車接走後，她開始有意無意地疏遠閨密，幾次閨密主動找她，她都藉口有事推託。

「我們從小一起長大，能徹夜談心，也能喝酒大醉，我從來不懷疑我們是最要好的朋友。但我承認我有點嫉妒她，看她過得好，我應該替她高興，可是我沒有。特特，我很討厭這樣的自己。」

「嫉妒只是一種情緒，真的沒什麼大不了的。你放鬆一點，不要跟自己較勁。」

這個女孩的話，讓我想起兩部小說裡的情節。

一部是《那不勒斯故事四部曲》，講述了兩個女孩艾琳娜和莉拉大半生的友誼和聯繫，更是一座城市的史詩。其中有一個情節，艾琳娜出版第一本書的時候，迴響很熱烈，她興高采烈地跑來和莉拉分享這件事，但是莉拉的反應很冷淡，當然這其中有莉拉內心的創傷。

另一部是《哈利波特：火盃的考驗》，有一段內容描述哈利被人利用，將自己的名字投入火盃中，被迫成了三強爭霸賽的選手。榮恩很生氣，作為朋友，哈利成了自己的對手。哪怕哈利做出了解釋，榮恩還是非常不高興。妙麗看破其中緣由，榮恩其實是在嫉妒。

有人會覺得在好朋友之間，不存在什麼嫉妒。但實際上，完全不是這樣的。人與人之間產生嫉妒並不稀奇，哪怕彼此是朋友。

有嫉妒心並不是什麼壞事，你嫉妒某個人，必然是你在心裡將進行比較，你因為暫時的落後而失落。

嫉妒的另一個意義，是在提醒你：「嘿，你還有機會，應該加快腳步去超越他。」

想想，如果哪天你對身邊人的優秀和進步無動於衷，心裡沒有一絲波瀾，不以此對照自己、審視自己，而是視而不見、無知無覺、麻木冷淡，這比嫉妒那個跟你關係很好的朋友更可怕，不是嗎？

友情的可貴，在於那個人是你選擇的沒有血緣關係的家人，但有愛不代表沒有競爭。

「比較」這件事，是人類社會屬性中必然存在的一面。想想我們從小被跟別人家的小孩比，跟同班同學比，就連兄弟姐妹之間、夫妻之間，同樣逃不開被比較，我們也是透過比較來錨定自己的位置和水準。

比較和競爭從來不是壞事，我們要把握的是它在感情中的濃度。適度的競爭，讓朋友之間有了你追我趕式的快樂。但當競爭超過愛的劑量時，那就成了較勁。

我們要允許，友誼裡不是只有甜，還有競爭和比較。在「我不希望他比我過得好」這種敵對心態的背後，其實是害怕自己不夠好。切記，當愛與競爭面對面時，不要讓競爭占了上風。

——

說說我自己吧。

我在讀書的時候，有過一個很要好的朋友──蘇打。

蘇打在學生會任職時，每年的競選稿都是我幫她寫的。我水壺裡從來不缺熱水，都是她幫我從廚房拎回來的。我第一次遞紙條給男生，並不是給自己喜歡的男生，而是幫她追一個學長。廣播站的考試我忘記帶學生證，是蘇打上氣不接下氣跑

回寢室拿給我的。十一長假我沒有回家，是為了留校照顧生病的她。期末的時候，蘇打每天凌晨 4 點起床，替我去圖書館占位子⋯⋯

雖然如今看來，很多都是低成本的事，但整個大學時期，我們是彼此最好的朋友。

你問，現在如何？

現在我們是彼此社群好友列表裡不起眼的那一個，互相按讚的次數也少得很。

為什麼如此？

因為兩件事吧。

我和蘇打都有每天寫日記的習慣。晚上熄燈前，我們兩個都會在各自的書桌上寫日記。

「等我老了，我要把日記留給我女兒看。」

「我乾女兒才不稀罕看老太婆的青春故事呢。哈哈！」

「那個學長有沒有約你？」

「有啊，他說明天一起吃晚飯。我心裡七上八下的，你陪我去吧。」

「電燈泡我就不當了，你隨時發訊息給我。」

「學長那麼帥，你喜歡嗎？」

「是欣賞，畢竟優秀的人，人人都喜歡。」

第二天的晚上，室友們都一副準備「吃瓜」的表情，等著蘇打說約會的事。

　　「學長很細心，我們在排球場坐下的時候，他還拿書本給我墊著，說女孩子不能著涼。」

　　「一般男生女生見面後，男生如果主動聯繫女生，就說明你們之間還有下文。」

　　「那我們今晚都不睡，陪你等訊息。」

　　女生不就是這樣，一個姐妹脫單，整個宿舍都跟著開心，踮起腳盼著沾沾桃花。於是，一整個晚上，宿舍幾個女生都陪著蘇打等學長的下一步。

　　可惜的是，學長沒有再聯繫蘇打，一個電話或一則訊息都沒有。蘇打因為這件事確實很不開心，最後讓步到能在學校裡偶爾看見學長也是好的。

　　這件事很快就過去了，大家都沒有放在心上。

　　大四那年我們經歷了一次搬宿舍。那時候的蘇打，經常因為學生會的事不在宿舍，於是我在打包好自己的東西後，開始幫她打包。收拾書櫃的時候，一疊本子掉了下來。我蹲下來整理，在散開的筆記本裡，看到了我的名字。

　　我承認，我是不應該打開她日記本的，那是屬於她的隱私。但那時的我真的很好奇，關於我，她記錄了一些什麼？而如今想來，我們的友情恰恰就在我打開日記本的那一刻，結束了。

在那頁寫有我名字的日記裡寫道：我在廣播站競選考試的第一輪就被淘汰了，我不希望萬特特考上廣播站，那樣顯得我太差了。萬特特一定也是喜歡學長的，她就是嘴硬不肯承認，還假惺惺說是「欣賞」。如果我和學長談戀愛，她一定會有挫敗感吧，哈哈。

我以前聽說，人在受到突如其來的打擊時，心臟是會疼的，會喘不過氣，會呼吸困難。我在那一刻，體會到了。

我沒有選擇當面問蘇打日記本的事，比起去質問「你到底有沒有把我當成朋友」，我更怕面對撕破臉的場面。

我把日記本放回原位，在寢室呆坐了一下午。之後的相處，我儘量讓自己看上去若無其事，但當她過來挽我的手臂，幫我整理聽力考試題，帶熱水回宿舍給我時，我都會在心裡發出一百個問號，這些都是假的嗎？如果不是朋友，她幹嘛為我做這些？如果是真正的朋友，為什麼要寫那些話？

畢業聚會上，大家聊起那些幼稚卻在心裡被高高捧起的夢想，對彼此的不捨裡也摻著對未來的嚮往。

「要常聯繫」「以後記得打電話給我」「下次來一定要告訴我」等等這樣的話，如今我才明白，在成年人的世界裡，下次就是星期八，改天就是 32 號，以後就是 13 月。

兩年後和蘇打的再次見面，是在另一個同學的婚禮上。

吃飯的時候聽她聊起職場，搶同組人的客戶衝自己的業績，絲毫不覺得自己的做法有任何不妥，反而覺得，如果同事能力更強，是不會被搶走業績的。

　　我在一旁，聽得後背發涼。

　　那位被她搶了客戶的同事，是她剛剛到公司時，跟她同組的女孩。即便後來被分到不同部門，也是有交情在的。但在利益面前，這就是她的價值選擇。

　　不過很快我又覺得她做這件事並不稀奇，因為我想起了那個日記本。或許在她心裡，沒有人是真正的朋友。

　　總有人說，三觀不合的人成不了朋友。

　　因為它是關係的基礎，不合的三觀決定了雙方底線的差異，而有一天，這個底線就可能成為傷人的武器。

　　我們都懂得，這個世界上沒有絕對的對與錯，世界因為「不同」而變得多彩且具有吸引力，因此每個人都有接受不同生活方式和生存理念的權利。

　　在這個紛繁複雜的時代，碰到一個三觀相似的人，真的不容易。

　　三觀接近並不是說你們的想法、觀念、生活節奏要完全一樣，而是一貫嚴肅的你願意聽他胡說八道；他覺得世間險惡，但不反駁你所說的萬物美好；你喜歡口味清淡的日式料理，但

理解他獨愛路邊燒烤的美妙；他不愛喝酒，卻願意陪你小酌兩杯。

三觀不合時，你對身材審美有了變化，於是辦了健身卡，他認為你有錢沒處花；你為了升職而努力學習提升自己，加班熬夜改方案，他卻覺得不如「借人上位」來得快且輕鬆；你存錢旅行，去見沒見過的人，撫摸陌生的建築，他說你不過是從自己住膩的地方，去了別人住膩的地方而已……

友情是兩顆心的真誠相待，而非一顆心對另一顆心的碾壓。

不要因為當下你們的關係很好，好到掏心掏肺，就給對方加上厚厚的濾鏡。他怎麼對待其他人，對你也不會是例外，你要清楚這個朋友為人處世的底線在哪裡。

那些最巔峰的關係狀態不可能是常態，友情出現震盪的時候，其實都是靠底線——也就是人品——在為關係托底。

——

寫到這裡的時候，我看了看趴在一旁玩球的狗狗，嘆了口氣。

畢竟我也曾固執地認為，友情大過天且永不衰退。

我們都知道，年少時女孩子們會喜歡拉幫結派。

在吊扇呼呼吹著的整潔教室裡，女孩們湊在一起嘰嘰喳

喳。哪怕是如今看來不值一提的小事，比如我送你一個最近校園裡流行的星星髮夾，知道你喜歡借我的課外讀物瀏覽，比如你記得我吃蛋餅不加蔥，喜歡在校門口拍大頭貼等，這些都被我們當作是友情的證明。

我也有過這樣的「姐妹團」，幾個人脾氣相投，笑點一致，口味吻合。大家生活裡 90% 都是彼此，那時候腦子裡沒有什麼對未來的規劃，每天在一起熱熱鬧鬧也不膩。

高興了就想要昭告天下普天同慶，難過了就瘋狂地更新社交狀態，將自己的傷口毫不掩飾地曝光於眾。那時的我們青澀稚嫩，被情緒牽著鼻子走也不自知，對於撒嬌求安慰求幫助這種事，一點都不覺得不好意思。

恰好，那時候我們的歡喜悲傷也不缺觀眾。無論你是跌倒了，考砸了，還是失戀了，轉個身就會有朋友的「別怕，我們在這兒呢」的安慰。我們天真地以為，這一輩子的眼淚都會有人關注。

現在回想起來，這種關係簡直不可思議。成長環境大不相同的人，怎麼可能那麼要好？
我在後來的人生裡，沒有遇到過這樣的關係。

如今我們同樣會在長夜裡失聲痛哭，但擦一把鼻涕，翻了翻通訊錄還是忍住了，沒有打給任何人。

因為我們明白，世界並不總是溫暖的城堡，我們在這個世界裡鏗鏘前行，總要飽嘗很多的苦澀，除了學會堅強、忍耐，熬過去，似乎也別無他法。

好朋友之間關係是如何變淡的？

我不知道用變淡了來形容對不對，或許時間和距離並不應該背負全部的責任。在時光流轉裡，我們在各自的試卷中寫下了不同的答案。

如今，像我這樣「90初」的人，除了幾位在讀博士學位的同學外，大多數的同學都已經工作至少五年，成家立業，結婚生子。有些在老家公務員體系任職，有些在北上廣漂泊，每個人的生活習慣、社會資源、社交圈層，甚至愛好都迥異起來。

再見面，能聊的也只是在看似氣氛烘托得很好的宴席上，拎出那些共同犯傻的歲月，反覆咀嚼，直至它變得索然無味。

偶爾有人問起「你最近如何啊」，我真的有好多好多話想說。可是從哪裡說起呢？前情提要太冗長，事情又太複雜，沒人會想聽的，於是只剩一句「還好吧，就那樣吧」。

不是我們不願意再敞開內心，是路不同，我硬把你拉到我這邊，你會不自在的。

即便是在自己的戰場裡發生了很多事，但是面對他人一個

字也說不出來，也一個字都不想說。這世間從無感同身受，大家都被生活折磨得遍體鱗傷，讓別人全盤托起你的難過，是件難為人的事。

早就沒有了從前的貪心，想要把誰「綁」在身邊，不可能永遠都是一群人牽著手又笑又鬧。各自都有妖魔鬼怪要對付，各自都有自己要完成的人生任務。能並肩走一段路，已經是奇妙的緣分。

那些現在已經沒怎麼聯繫的人，都曾給過我許許多多個「明亮的時刻」，我始終都記得。如果說有什麼說不出口的祝福，那就是希望我們在彼此看不到的歲月裡，熠熠生輝。

——

我在網路上看見這句話，「活得越來越酷，朋友丟了一路」，心裡很難過。

漂泊的日子，讓我們對世界的信任所剩不多，有時候也會對真理有了假設，也學會質疑愛情，不再相信沒來由的善良。同行的人越來越少，開始學會一個人不動聲色地做完很多事。人到了某一個階段，生活就會開始對你做減法，削減你對夢想的熱情，拿走你的一些朋友。

你的通訊錄裡，有多少位好友？

你的社群裡，還有多少朋友？

在這個網路發達，每個人的社群好友都有幾百個甚至幾千個人的時代，我們常常面臨的現狀卻是：生死之交遍布天南地北，同城找不到人約酒吃飯。

現代社會交友成本很高。每一個進入社會的人都會有這種感受：想要交到真心朋友，實在是太難了。而且隨著年紀的增長，就越難交朋友。

小的時候我們太簡單了，只要有一個共同的興趣愛好，哪怕是共同討厭一個人，都可以成為朋友。任何「點」都很低，興奮點、淚點、笑點等都是如此。

不知道從什麼時候起，我們就變了，變得複雜，變得多疑，變得難以靠近。

再也沒有我看你順眼，我們就能成為朋友的簡單。我們要考慮的因素漸漸多了起來，家庭背景、文化程度、經濟能力、人格魅力等，都能成為成年人交友的標準之一。

人長大了，心思也長大了，也就變得現實起來。就連交友都會變得世故，並且，我們試圖在尋找那些與自己人格、興趣愛好和生活目標最接近的人成為朋友。

我們不再害怕與誰分道揚鑣，因為對方也是如此。

交友成本變高，直接導致傾聽和安慰的成本也在變高。

你想不想說，是個人問題。對方想不想聽，也是個人問題。即便是發出的訊號有所回應，也可能只是一些不鹹不淡的安慰，於是慢慢地我們就學會了閉嘴。

有人懂你言外之意，有人懂你欲言又止的幻想很難再有了。難以吐露自己的真心，是讓當代成年人交不到朋友的主要原因。

——

我還算幸運，在工作後交到過一個好朋友。是的，一個朋友，已經是很幸運了。

我們兩個是在一次音樂節上認識的。二手玫瑰在台上唱著《如你所願》，這女孩一興奮，把螢光棒甩在我頭上。我光顧著搖頭，根本沒空看是誰幹的，她卻從後面擠過來。

「對不起啊！」

「沒事。」

本以為萍水相逢，誰也不會記得誰。沒想到，在音樂節結束後，我和她乘坐同一輛大巴士回酒店，聊了幾句才知道，她也是坐當天晚上的夜車回瀋陽。

後來我們一直保持著聯繫，慢慢感覺和對方的性格、想法、生活態度等都很合得來。大概是互相在工作和利益上沒有交集吧，相處起來有種難得的輕鬆。

我們會分享生活中的大小瑣事，聊自己的情感故事，毫不遮掩地顯露出細膩的少女心思。見面的時候會一起拍美美的照片，精心給對方準備節日禮物，更不會錯過彼此生日。

所有種種，就和讀書時閨密相處一樣，而且比那時更多了一份成熟拿捏的分寸感。她不說的事，我從不問；我不聊的話題，她不會再提第二次。這種關係也並沒有那麼純粹，它建立的前提是我們彼此尊重。

成年人的友情不可能回到年少時那樣單純無憂的狀態，它勢必是複雜且脆弱的，而我們唯一可以為對方做的，就是保有為對方考慮的真心，以及盡力保全的努力。

步入社會後你會發現，只有自己才是最可靠和可以掌握的。認識的人越來越多，你可以從他們中間選擇那些與自己適配、願意共同尊重規則的人成為朋友。

如今，我倒是覺得，最好的友誼不一定非要聯繫頻繁、形影不離。

每個人都需要自己的密室，都有別人不可入侵的部分。剝離了陪吃陪喝陪聊八卦，還有一些不以利益為目的的真誠關心，不必再透過交換祕密換取信任，這對於成年人來說，就已經很難得了，要珍惜。

幾年前一個普通的下班尖峰，

那天的雲朵格外厚，像是一勺隨時要流下來的淡奶油。

綠燈亮起，背著 Piglet 書包的爺爺和他的大狗狗在斑馬線上跑了起來，

嘴裡還叨念著：「再過一個路口，我們就到家了。」

相冊裡的照片幾經輪轉替換，唯獨這張，治癒了我很多年。

06
那些你「曬」過的努力，真的有用嗎？

—

比起被圍觀，
悄悄努力或許更踏實

你努力是你的事，
你努力是為了你自己，
你付出百分之百的努力跟周圍百分之一的人都沒關係。

就沉下心，安靜地去做你心之所向的事情吧，
等到全部載入完成的時候，再和真正關心你的人分享。

你們有沒有一些屬於自己的特殊心理界線，比如我極不喜歡別人在我寫稿子的時候，在旁邊有意或無意地瞄幾眼，明著旁觀就更不用說了，我會感到渾身不自在。

　　靈感這東西蹦出來的時候不分時間和地點，所以這也就不奇怪為什麼大部分寫作的人，出差都要隨身帶著筆記型電腦了。每次我都會選靠窗的位置，倒不是我想看沿途的風景，而是靠在最裡面有一種莫名的安全感，而且旁邊會少一個人。

　　即便我盡可能把自己放在角落裡，削弱自己的存在感，不打擾任何人，但還是會遇到無聊的鄰座、後座。不是壓低座椅靠背看看我在寫什麼，就是有調皮孩子大聲嚷著：「媽媽你看，這個阿姨在幹嘛？」

　　每當這時候，我都會深吸一口氣，暗示自己放輕鬆點。你說這事，要跟人家鬧不愉快嗎？「請你不要盯著我的電腦」「小朋友你懂不懂禮貌」，這種話輕易說不出口。

　　不知道為什麼，我在這方面很在意，覺得自己的「安全領域」收到了預警，創作過程被旁觀，腦袋就會變空白，從大腦到手指集體罷工，會下意識合上電腦。

　　當然我也明白，其實那些「圍觀」的人，並不會真的在意我的電腦在做什麼內容，那點好奇心可能到站後還沒走出月台就已經消散了，但我還是在意。

　　針尖大的事，可是針尖最扎人。

———

我念高中時，利用課餘時間寫東西，然後投稿給自己喜歡的雜誌。

那時候身邊的同學，包括我的鄰座，都不知道我寫文章投稿這件事，我也從來不提。有時課間的時候寫一寫，有同學過來，我就假裝輕鬆地蓋好，找出一本練習冊壓在上面。

有很多次投稿被錄用，我就把刊登我文章的那期買回來，沒事就翻開看看，然後再小心收起來，心裡別提多高興了。

但我還是被發現了。

班上一個同學那麼巧也買了那本雜誌，又那麼巧看到我寫的那一篇。有次她收作業的時候走到我旁邊，看到我在埋頭寫東西，說：「又在準備投稿了嗎？」

不僅如此，有次課堂上老師說起課外讀物，這位同學突然說：「她的投稿被發表了！」於是老師和同學們都稍感意外地齊齊看向我。

我的這位同學有什麼壞心思嗎？並沒有。

我知道她並沒有惡意，至今我們還保持著聯繫。但不能否認的是，她將資訊帶給大家，「曝光」我並不想被大家知道的這件小事時，我的心裡像遭受一連串的暴擊。後來還有同學跟我說：「如果再發表，記得告訴我們，我們也想買來看看。」

而老師也很希望我能在班級朗讀自己的作品。

被大家關注、被老師誇獎，並沒有給我帶來榮譽感和快樂，反而讓我無所適從。原來一直默默努力做著的事情被發現了，是會帶來失落感的。

就像是武陵人闖入了桃花源，大聲讚嘆：「你們這裡真是太美了，我要幫你們把這裡打造成 5A 級風景區！」桃花源裡那些避世的人，真的開心嗎？我想未必吧。

——

我有一位讀者，本職是化妝師，每日人前幫客戶設計妝容造型，人後自己報了小提琴班。她的小提琴老師說她很有天賦，樂感很好。

每次能獨立熟練拉完一首新曲子的時候，她都會錄下來發給我，「特特你聽，這是我新學的。」

「你這麼棒，家人和朋友一定把你看作是寶藏女孩。」

「其實……家裡人並不知道我學小提琴，連一起工作的同事也不知道。」

「有隱藏技能的人更厲害哦！」

「要做得很好才敢被人知道，不然我會難為情的。」她說。

我特別懂她的感受，不想嚷嚷，不想被人發現，並不是

因為做了什麼不好的事，而是喜歡默默地把自己的事做好，減少不必要的關注，也就減少了壓力。

———

我喜歡「悄悄地把尾巴藏起來」這個行為，至今還是沒什麼改變。

在自媒體平台自由的今天，我覺得自己除了寫字，或許還可以做點別的有趣的事。於是，我註冊了小紅書，在上面分享自己的生活愛用物品、讀書筆記、探店打卡、護膚心得。

起初，我從不在乎發的這些短文有沒有人來按讚，直到陸續被同事、讀者和朋友們在小紅書首頁刷到，我的心態開始有了變化。

這篇「參觀美術館」的隨筆，照片調色是不是不夠吸引人；那篇「好書推薦」有沒有展現出書的價值；明天要發的「護膚禁忌」希望能被更多女孩子看到。

我覺得越來越累了，我的擔心和期待都開始變多。我沒有抱怨的意思，只是因為被人知道，我所有的進步和退步、成功和失敗都被掛出來，公開得明明白白。我很難不讓自己在意，聽到掌聲的同時也得扛下所有的期待、不看好和未知的種種變故。

於是，我又想起許多年前，在體育課的間隙，自己一個

人跑回班級，拿出作文本，一字一字記錄，然後反反覆覆修改到自己滿意，再小心疊起來，按照雜誌上登的地址寄出去的時光。

沒有人看見我在做什麼，但我真的無比開心，那種開心在被各種資訊充斥著的今天，很難再重現。我變得希望明早起來可以看到粉絲增加，變得因為沒有曝光度而憤懣，變得忘了自己當初為什麼要做這件事。

被圍觀的努力真的很辛苦。

我不知道這是一個人性格裡「沉穩」的一面，還是一種生活方式。不為取悅任何人，不為博眼球的時候，步伐真的又快又輕鬆。

旁觀者看不到你內心的那團火，他們只看得到煙，索性就等塵埃落定的時候，再分享燃燒過後的印記：「你看，我真的做到了，還不錯吧。」

———

網路上有段時間特別流行一句話：你越曬什麼說明你越缺什麼。

其實有點道理。我們周圍有很多人勤於展示自己的努力，在讀書社群裡每天打卡，在健身社群裡熱聊，在各種訓練課堂

裡擔任跑龍套的角色等等。因為只是看起來很努力，所以才要曬得格外賣力。

有人說，自己為了做第二天要交的企劃案而熬了一整個通宵，好累！

事實可能是，這個企劃案一週前就已經安排下來了，他下了班跟朋友聚餐、唱 KTV，回到家已經睏得眼睛都睜不開了，倒頭就睡。等到主管下了最後通牒，才不得不匆匆忙忙熬夜完成。

有人說，這次考核又沒通過，升職加薪的事又要擱置了，明明自己努力看書了，為什麼世界還是格外苛待我？

事實可能是，每天翻開書看了半頁便拿起手機，畢竟淘寶購物和刷抖音更有趣。抬頭一看時鐘，凌晨了，算了，明天再看書吧。日復一日，到了考試前三天才臨時抱佛腳，囫圇吞棗地看了一遍書。

有人說，買了全套的健身器材，期待自己的好身材！

事實可能是，各個 APP 上的瘦身課程收藏了不少，但也只是為了嚇嚇脂肪。動感單車蹬了 3 分鐘，好累，下來歇一會兒。跑步機上跑了 10 分鐘，好枯燥，不跑了。瑜伽墊上做幾組無氧運動，躺下後發現原來瑜伽墊這麼舒服，躺著打一局遊戲吧。

有人說，在圖書館泡了一整天，如果不是周圍同學陸續離開，還真不知道已經快要閉館了，走出圖書館看到滿天星辰，真是充實的一天啊！

事實可能是，他確實在圖書館的自修室裡待了一整天，看完了一本奇幻小說，教科書被晾在一邊，摸都沒有摸一下。

——

假如只是看上去很努力，又何必曬出來欺騙自己，或者引起周圍人的注意呢？

即便精神上給自己強加了「別人荒廢時間時我在拚命」的暗示，樹立了「努力型」人設，可惜體質與精神配型不符，就別怪在一大堆真正努力的人群裡被掩蓋的事實。

退一步說，真正努力證明自己的人，都在忙著低頭趕路呢，是沒有時間曬努力博眼球的。

你努力是你的事，你努力要成就的也是你自己，你百分之百的努力跟百分之一的人都扯不上關係。

既然所做的一切都是為了自己，那麼「曬」努力的心虛行為就可以免去了，要知道努力是一件很深沉的事，標榜努力而不低頭努力，才是真正地辜負和浪費自己。

——

曾在網路上看到篇發文：默默地奮鬥是怎樣一種體驗？

我想起了一位朋友，我們叫他巴克。

巴克是個普通的上班族，利用下班後的時間，報名攝影和剪輯課程，從每晚 7 點 30 分準時開始，線上學習 4 個小時。等到週末的時候，就到提前選好的美食店鋪去探店，然後回來撰寫文案、剪輯，發送到平台。

在這樣沒有團隊、沒有合夥人、沒有流量，任何小事都要他親自來做的條件下，他默默堅持了兩年。

直到有一天，我們在各大平台發現了一個用戶名，叫「巴克帶你吃點好的」，才知道他已經成為擁有十幾萬粉絲，開始組建自己團隊的美食分享部落客了。

很多人都有這樣的疑惑，為什麼我們身邊總有人看起來普普通通，但突然有一天，他們就成功了，把你甩開了十萬八千里？

因為他們在默默努力扎根，獨自一個人奮鬥的時候，你根本沒有看到。

就像巴克。他從沒在朋友圈裡發過宏願，也沒在論壇發過「灑狗血」打卡貼，只是每天都在有序地努力著。

我們在職場「摸魚」虛度光陰的時候，他在找各個商家老闆談合作；我們賴床的每一個週六，他都已經早早出門準備

當天的拍攝；在我們和朋友大快朵頤、吹牛互捧的時候，他在家修圖、寫文案；在我們看直播、刷朋友圈的時候，他在看粉絲們的留言，並認真回覆，接受意見；在我們因為搶到幾塊錢紅包而暗自高興的時候，他這個月賺到了五位數的廣告費。

他沒有告訴身邊的同事和朋友，我們只知道，有很長一段時間，他都沒有來參加聚會，在群組裡偶爾和大家打個招呼就不再聊了。他放棄娛樂的時間，一直在默默地做著自己想做的事。

反而是那些不那麼大張旗鼓地滿世界立 Flag 的人，踏踏實實地在行動。在不曾分享的時間裡，有人取得了很大的進步，成為當初我們都嚮往的人。

——

當我們身邊有人做成了一件事，一定會有這樣的聲音：「他不過是運氣好。」

很多人都認為當今做自媒體很容易，無非是找些圖片，搬運一些文案，學學排版，手指一點「發布」，再買點虛假的點擊量就萬事大吉了，剩下的時間裡，坐等廣告商家找上門來合作就可以了。

這樣想的人，恐怕從來沒真正自己去做過這件事。

自媒體看似自由，實則辛苦。從小白做起，加各種群組聽取大家的經驗，線上學習是少不了的。就連吃飯喝水的時候，都要想下一篇要發的內容，明明已經很不舒服了，但還是得硬撐著爬起來編輯、排版，畢竟每天按時更新這個原則絕不能動搖。你所看到每日一篇的原創，都是有人熬得眼睛乾澀、頸椎疼痛得來的。

身邊那些升職更快、職場順風順水的人，常常讓人看著羨慕嫉妒恨，事實的真相也沒有你想的那麼陰暗和不公平，每一分你在人前的輕鬆如意，都源於背後的暗自努力。

這既在意料之外，也在意料之中，其實這種現象生活中很常見，一開始信誓旦旦的人大多數結局都成了三分鐘熱度。

那些悶頭做事的人，比如巴克，不是沒有遭受過打擊。黑粉的惡評、商家的不配合、腦袋不轉寫不出東西、剪輯好的視頻檔突然損壞⋯⋯但那又怎樣呢？他們坐得住冷板凳，經得住誘惑，他們心有定力，有格局，有遠見。

比起天上掉餡餅這樣的好事，我更相信所謂的好運氣是慧眼、毅力、自律、眼光和勇氣的綜合表現。

想要做成事，先低頭看看自己走的路：有沒有認認真真地培養自己在某個領域的能力和技術，腳印是不是夠深夠平整？如果沒有選擇正確的起點，堅持不懈地進行量變的推進，那麼

你的「餡餅」也將永遠不會到來。

———

很喜歡網易雲音樂的一條熱評：你背單字時，阿拉斯加的鱈魚正躍出水面；你算數學時，太平洋彼岸的海鷗振翅掠過城市上空……在你為自己的未來踏踏實實努力時，那些你感覺從來不會看到的景色，那些你覺得終生不會遇到的人，正一步步向你走來。

我一直相信，你想走的那條路，路的盡頭一定有你想要的禮物。如果你要得到它，就得讓自己配得上它，即便這路上一定少不了絆倒你的石頭和無法避免的坑。

過去每一秒鐘的累積成為今天這一天，每一天的累積成為一週、一月、一年，乃至人的一生。那些讓人驚奇的偉業，實際上幾乎都是普通人兢兢業業、一步一步持續累積的結果。

世上沒有白費的努力，也沒有碰巧的成功，事要一點一點去做，路要一步一步去走，你只要付出比常人多的努力，就會比別人早點和成功相遇。

沉下心，安靜地去做你心之所向的事情吧，等到全部載入完成的時候，再和真正關心你的人分享。

共勉。

經常和你聊天的人是不是喜歡你？

———

別用你那短暫的喜歡，
來打擾我平靜的生活

曖昧能否修成正果，或是半路陣亡，
看緣分看造化，更看你們兩個人的心意。
希望你永遠不要懷疑愛情，因為有問題的是人，不是愛情。

你要清醒，那種追一個人追了很久很久的時代，
已經離我們越來越遠了，
現在是「成為更好的自己」的時代。

上個週末和達達約了一起吃烤肉，但她全程心不在焉，任憑豬肉片在烤盤上嗞嗞地冒著誘人的味道，全然不理會，還時不時地掏出手機來看。

我向她表示抗議，假裝生氣：「約了幾週，好不容易見到面，見面就冷落我？」

她嘆了口氣說：「我也正被人冷落著呢。」

我一邊用翠綠的生菜葉包住肉片塞進嘴裡，一邊聽她說起原委。

達達工作這幾年存了些錢，想要買一戶小公寓，結束 5 年的租房時光。她在朋友聚會上認識了房產銷售經理張先生，互相留了名片。買房的事達達經常諮詢張先生，兩人私下聯絡也頻繁起來，據說十分投緣。

他會在半夜發訊息給達達，說「我閉上眼睛就想起你的笑臉」；達達出差，他會打電話關心路上是否安全，叮囑住酒店要檢查門鎖；達達忙工作晚回他的訊息，他會假裝生氣，說「我還以為你不想理我了」；達達不會做飯，經常叫外賣，他說「以後我為你下廚，保護你的胃」。當然了，像「早安」「晚安」「早點休息」這種撩撥基礎話術也是少不了的。

女人這種生物，是非常容易產生依賴的。日子一天天地過去，張先生在達達心裡的分量越來越重，重到什麼程度呢？就是幾個小時內收不到他的消息就會寢食難安的地步。

達達也曾明裡暗裡試探過張先生，問他喜不喜歡自己的時候，答案永遠都是模稜兩可的。這一試探可好，張先生玩起失蹤戲碼，幾天不回訊息，再回也是冷冰冰兩個字——在忙，更別提和達達出來約會了。

　　兩個人還沒有正式確定戀愛關係，達達總是成天猜來猜去的。她問我：「為什麼之前聊得好好的，說冷下來就冷下來了呢？」

　　「沒有那麼多為什麼，不過是沒那麼喜歡你罷了。你確定是聊，不是撩嗎？」

　　達達顯然有些喪氣，低著頭說：「他確實沒有說過『我喜歡你』『做我女朋友』這種話。」

　　很多女孩子都遇到過這種情況吧：

　　你跟一個男生聊得不錯，你以為彼此會有進一步的發展，可是他遲遲不表白，還時不時地消失個幾天，過段時間再找你，好像什麼事都沒發生過一樣。

　　或者你跟一個男生已經處於「友人以上，戀人未滿」的狀態，但他卻沉浸在這種曖昧裡，不想給你一個明確的說法。但其實不管是哪種情況，都不是因為你不夠好，也不是你真的做錯了什麼，而是對方打從一開始就不想認真。喜歡你，必定是觸發了「想要跟你在一起」的戀愛衝動，而撩你，只是觸發了生理荷爾蒙的衝動。

撩和追比起來，總是多了一絲玩世不恭的味道。

因為沒有走心，所以撩著撩著就消失也是常有的事。又因為三心二意，所以你對他投入再多的感情，他也不會投桃報李。那些看起來美好的，讓你以為自己被愛神看中的瞬間，不過是他給你淺嘗輒止的甜頭，還沒等你品味完，他就要收回，且覺得這糖給誰都可以，並不是非你不可。

很多人對你感興趣，但沒人執著於你。

———

許多時候，一個人不想聯繫另一個人並沒有那麼多原因。你執著的是不願與他就此別過，你認為你們之間還會有故事發生，可是，他也這樣想嗎？

不管他出於什麼樣的原因與你斷了聯繫，事先沒交代清楚就是不夠尊重。如果一個男人無視你的訊息，讓你患得患失、捉摸不定，那麼這個男人一定沒你想像中那麼在乎你。

有些人對你，真的就只是聊著玩玩，玩玩就是玩玩，沒有其他別的意義。

你要是抱著遊戲的心態對待他，倒也可以，最怕你天真過頭，在一份不夠明朗的感情面前，像海鷗捕食般一頭栽進水裡，掏心掏肺，全然不顧生死。你終日盼望他早早把曖昧進化成正當關係，但恕我直言，可能真的是沒有那麼一天。

對你不慍不火，或者忽冷忽熱，不過是因為你從一開始就沒在他的轉正名單裡。

你每天熬夜想他的時候有沒有想過，你喜歡的那個人已經打呼睡著了，而且夢裡沒有你，醒了也不會愛你。愛這件事，並不複雜，它直接、強烈、顯眼。真正喜歡你的人，不會讓你去揣測、猜疑，因為在這之前，他會把真心「攤開」在你面前，讓你看到、感受到。

一個人如果真的喜歡你，你一定會感受到，不會讓你覺得好像有，又好像沒有。

有讀者問我：「經常跟你聊天的人是不是喜歡你？」

說實話，這題有點難回答。以我目前的人生經驗判斷，我覺得很可能不是。

喜歡你的人一定會經常跟你聊天，但反過來就不一定成立。你想過沒有，他找你聊天，可能是覺得你隨和、有空，能接得住他的梗，聊得來。他看見一個搞笑的橋段，把它隨手分享給你，並不費力，而且可能同時分享給另外五個人、十個人、五十個人。

有些男孩很無聊，沒事非要若有若無地撩一撩女孩，不打算發展，甚至也不是很喜歡，只是有那麼點好感，但硬要撩一撩。

有些女生的多心，在於非要把一些無所謂的東西，跟「喜歡」強綁在一起：他總是按讚我的貼文是不是喜歡我？他在我生理期的時候替我買了生薑奶茶是不是喜歡我？他每天對我說晚安是不是喜歡我？如果這樣你就因此心神不寧，那真的太傻了。

在你確確實實感受到他的愛意之前，不要輕易把表象當作喜歡。

真正喜歡你的人會想辦法留在你身邊，其他的你不用管，都是過客。

———

大學的時候，有過很長一段只和一個男生聊天的經歷。其實也沒多麼新奇，無非就是說說學校最近的活動，抱怨星期一的課特別滿，學生餐廳的炒飯量又減少了等這些說過就忘的小事。

我從沒問過「你喜不喜歡我」，他也沒有「你要不要做我女朋友」的表白。

有一天很晚了，我突然無比想他。發出去的手機簡訊也只能眼巴巴乾等著，我的思念無從寄託。後來，我跳起來穿好衣服，出門去找他。

儘管我們約好第二天上午一上完課就一起吃午飯，儘管
室友一直勸說「天黑了這樣出去太不安全」，我依舊不管不顧
地跑了出去。

　　出了宿舍門才發現外面下著大雪，這不奇怪，那時正值
東北的十二月。地上已經有著厚厚的積雪，天空中雪花如篩灰
一般簌簌落下。但心懷著愛情的熾熱，我絲毫沒覺得冷。北方
下雪的冬夜格外寂靜，校園裡已經沒有什麼行人，只有我自己
踏在積雪上「咯吱、咯吱」的聲音。

　　我穿過一條小路，來到他宿舍的樓下。然而我什麼都做
不了，樓門緊鎖。打電話給他，他跑下來，我們隔著玻璃門相
互看著。

　　「你怎麼來了？」我沒說話，只是傻笑。
　　「快點回去吧，很晚了。」我還是傻笑。
　　說什麼呢，說我只是突然很想念他，只是突然想看看他
的臉？雖然這是真的。

　　故事的最後，當然是我一個人回了宿舍。很久以後，時
過境遷，我與他已經再無聯繫，而我也早已不是那個能半夜扛
住風雪的熱血少女，此時的我才領悟到自己當時的心態。
　　無論是雪夜去對方樓下站一會兒，還是冒著大雨幫他送
一杯奶茶，自己回想起來，往往覺得「我當年真的是赤誠地愛

過啊」，而對對方來說，一杯奶茶就是一杯奶茶，無法承載起你想要在上面寄託的山崩地裂的情懷。

有時候，你以為熾熱的愛，更像是一種表演，除了把自己感動一下、製造深情的人設以外，其實沒什麼意義。

這個時代很浮躁，愛情像速食一樣更迭換新。

或許當你走完一段路之後回頭看，真正能被記得的事情真的沒有多少，真正無法忘記的人也屈指可數，真正有趣的日子也不過是那麼一些。

愛得奮勇，愛得真摯，這從來都沒有錯，但也要懂得克制自己，克制自己的情緒，克制自己的表演欲，甚至克制自己的喜歡。

———

現在我們來說一下重點，喜歡和撩的區別在哪裡？

喜歡會帶你進入到現實生活，撩是只停留在社交網路中。

一個男生如果真的想和你在一起，一定不會停留在聊天上。他會很想將你們的關係穩固下來，所以會想方設法跟你約會，為的是進一步了解你。換句話說，如果一個男生只跟你在網路上甜言蜜語、曖昧不清，並不能代表他是真的想追你。喜

歡是需要付諸行動的，而撩是不需要成本的，動動嘴皮子就行了。

喜歡會手足無措，撩是侃侃而談。

喜歡你的人在你面前會緊張，會不知如何是好，不會口若懸河。他會用心聽你的開心或煩惱，心裡想著能為你做點什麼，透過行動和細節讓你感動。撩你的人有一萬句小情話在等著你，會在喝多後跟你說很想你很愛你，卻在酒醒後跟沒事人一樣地只是在撩你。討不到你的歡心，就去討別人歡心，不會花太多心思和時間只押你這一注。

喜歡是不離開，撩是想靠近。

衝著你的光芒急匆匆趕來的人很多，當看到你在泥濘裡艱難前行，仍能不顧你滿臉狼狽，溫柔且坦然地朝你伸出手的人，才是最珍貴的。撩你的人想靠近你這個人，但未必想靠近你的心，發現不能得逞，就會立馬離開。

喜歡是認真且走心，撩是忽冷忽熱。

當對方不顧你的感受，忽冷忽熱，有意無意地疏遠你時，你就要好好想一想了，你或許只是他一時寂寞的玩伴。碰到這樣的人還是要儘早遠離，不然總有一天會傷著自己。喜歡你的人跟你聊天的時候，會怕自己說太多讓你討厭，說得太多讓你誤解，所以總是打了一堆字又刪了，刪刪打打。他會認真走心

地對待你，能讓你開心的事他都會嘗試去做。

喜歡是太晚了催你快點去睡，撩是不管多晚都會和你聊天。

喜歡你的人在深夜一般不會發訊息給你，他怕打擾你休息，不想你在夢裡驚醒。撩你的人才不管白天還是黑夜，對你的作息、健康沒有那麼關心，只要他還醒著，多聊一會兒又何妨？

喜歡是只喜歡你，撩是喜歡你並不妨礙他喜歡別人。

你的笑，你的淚，你的脾氣，你的幼稚，在喜歡你的人眼裡，都是加了光環的，你對他是唯一的。但在撩你的人眼裡，你的笑是很美，但同款可以有很多，平時你是他的小仙女，你若真的掉入陷阱去追他，就立刻變成他的大麻煩。

別在他撩你的時候，就去做是否跟他共度一生的決定。認識一個人、判斷一個人、靠近一個人都是需要花時間的，有些人在一起過了一輩子，都不敢拍著胸脯說對方是什麼樣的人，你怎麼可以因為幾句不必負責的甜言蜜語就被撩得飄飄然呢？

對你高冷的男人，會比你所想像的更不可能喜歡上你。欲擒故縱那一套，真的不流行了。

你要記住，你很珍貴。任何輕視你感情的人，都不配擁有你。

遇到撩完就跑的男生怎麼辦呢？不如在心裡狠狠地搧他一巴掌，笑著跟他說一句：沒能和你在一起，真是謝天謝地。

———

若他愛你，他一定不會毫無緣由地跟你斷了聯繫。你難過也好，不甘心也罷，千萬記得，不要與他百般糾纏。很多時候，執念是你強加給自己的。你為了他肝腸寸斷、淚眼婆娑，他卻壓根沒把這件事放心上。你在他看不到的地方傷心難過，把寶貴的時間、精力都耗在這上面，把自己的生活搞得一團糟，最後只能是筋疲力盡、一無所獲。

你受益了嗎？沒有。你吃虧了嗎？吃了。覺得值得嗎？不值。不要給感情加上什麼美化的濾鏡，他真心愛你，那是他的情義。他撩撩就走，也定是早有預見的。

任何感情，如果只是為了追求最開始的刺激、新鮮感和自我優越感，那無論換多少人，都是再把同一件事情重複很多遍而已。

時間一長，浪費的是自己的情感成本。當你真正遇見喜歡的人時，你會發現，曖昧時心動，戀愛時心動，平靜時也心動。

曖昧能否修成正果，或是半路陣亡，看緣分看造化，更看你們兩個人的心意。

希望你永遠不要懷疑愛情，因為有問題的是人，不是愛情。希望你能少受點愛情的苦，遮蔽那些撩你的人。

別讓一腔詩意餵了狗，也永遠相信自己值得被愛。把自己活好，去變得更美、更富有魅力，這才是最重要的。

我讀過這樣一段話：生而為人，不分男女，其實都走在一條拿著青春換閱歷、拿著失去換成長的路上，認識一個人，靠近一個人，判斷這個人是否能跟你攜手共進，都需要時間。

你要清醒，那種「追一個人追了很久很久」的時代，已經離我們越來越遠了，現在是那種「成為更好的自己」的時代。

當你受傷的長髮已經養好，愛好、能力、氣質、見地、信心都在日漸豐滿，能一路廢話、八卦、吐槽的好朋友也一直都在身邊，在別人看來，你的生活裡就只是還缺少一個溫暖、溫柔的人相伴。

其實，如此美好的一個你，還真的需要擔心些什麼嗎？

現代人不缺愛情，或者說不缺貌似愛情的這種東西，但是寂寞的感覺依然揮之不去。我們可以找個人來談情說愛，但是卻始終無法緩解湧上心頭的落寞荒蕪。愛情不是便當，它依然需要我們鄭重其事地對待。

真正的愛，就是兩份孤獨相護、相撫，欣喜相逢，就是和你在一起以後，我再也沒有羨慕過任何人。

o8
生活總是想盡辦法把我們逼到爆炸怎麼辦？

―

不要輕易發脾氣，
而要學會正確表達情緒

我從未刻意學習過如何變得強硬，
不過是在成長中栽進一個又一個坑之後，才明白人要學會保護自己。
這保護有時是默默無聲的，為自己累積能量，但有時它必須發出怒吼。

別輕易辜負自己，
你要勇敢為自己發聲，說「不」，說「我需要」，說「我不願意」。

你有沒有發現，世人總是在教我們如何不發脾氣，如何控制脾氣，如何與人好好相處，卻很少有人告訴我們如何發脾氣，如何不讓自己受委屈。

不輕易發脾氣，並不是要一味地壓抑自己的情緒，而是要學會正確地表達自己的情緒。

老耿是朋友圈裡出了名的好脾氣。

不管是門口雜物堆成山的鄰居，還是借錢三年未還的表弟，或是一有過失就「甩鍋」的豬隊友，老耿都能笑笑而過，和誰都相處融洽的他，很少對人生氣、發怒。

唯有一次見他發脾氣，是年初他喬遷之喜，約朋友們去家裡吃飯，鬧了一場不愉快。

招待朋友來家熱鬧的那天，是老耿的母親掌勺。

「都是一些家常小菜，孩子們別嫌棄。」老耿的母親笑咪咪地說。

「阿姨您也別忙了，坐下來一起吃。」我們幾個應和著。

「餃子馬上出鍋了，你們先吃。」說完，阿姨又轉身鑽進廚房。

席間，大家都交流得很和諧，說說身邊的趣事，聊聊最近有哪部電影值得推薦，說老耿也快 30 歲了，找女朋友的事要花點心思了。

突然有個聲音插進來：「這餃子餡沒放鹽吧，味道怎麼那麼淡。」

大家都怔了一下，這時有人說：「肯定是你口味重吧，明明鹹淡正好。」

「這哪裡正好，太難吃了。」

「不合口味嗎？我再去煮點飯，不吃主食哪行。」老耿的母親聞聲從廚房出來說道。

老耿的臉色沉下來，「媽，別忙了。」又轉頭看向那位朋友，「我這裡招待不了，你可以先走了！」

這下場面可真是尷尬了。其實這人和老耿並不是很熟，從前在另一個朋友那兒見過兩次，這次聚餐還是那個朋友帶過來一起的。

見老耿下了逐客令，那人臉面上也掛不住，穿上外套就走了。

那人走後，夾在中間的那個朋友很是尷尬，老耿沒有隨便遷怒，說：「搬家時想著平常都忙好久沒聚了，過來熱鬧一下。本意也不是請大家來品嘗我媽手藝的。連基本的禮貌都沒有，那還是不要留在這裡了吧。」

說完，便有人打岔說起別的話題，這事就過去了。

———

後來有人問老耿，一向好脾氣的他，怎麼那天就發那麼大的脾氣呢？

老耿笑笑，說：「我確實是好脾氣，但不代表我沒脾氣。平日裡很多事我覺得沒有發脾氣的必要，忍一下，退一步，和氣一點總是好的，沒碰到我的底線，怎樣都沒事。可是一旦有人觸碰了我心裡的紅線，那就別怪我不客氣。」

脾氣誰都有，只是有的人，習慣給他人多一點善意和包容。但老好人也會不高興，老實人也有自己想要保護的人。

我們通常說情緒管理，並不是要求我們對任何事都必須沒有情緒，而是管理好那些「壞」情緒。

比如沮喪、憤怒、不滿，這些情緒可以有，但不要讓它們長時間地在你的身體裡發酵，傷害自己，更不該讓這些負能量放肆蔓延，進而影響到身邊親近的人。我們需要學會的是管理它們，排除它們。

控制脾氣，而不是完全消除脾氣。

人可以好脾氣，但不能沒脾氣。謙讓久了，容易心裡委屈，更容易被忽視。有時候，真的沒必要好脾氣。

———

我也曾經是個「脾氣特別好」的人，用「好」形容並不準確，正確來說應該是「膽小」。

邁出一步前先腦補種種的可能，猜測別人會如何看待我，會不會損害我在別人心目中的人設。旁觀的好心者或許會誇一句恬淡如水與世無爭，而我自己卻心知肚明，像是一隻小白兔似的戰戰兢兢如履薄冰的我，過得一點都不開心。

我從未刻意學習過如何變得強硬，不過是在成長中栽進一個又一個坑之後，才明白人要學會保護自己。

這保護有時是默默無聲的，為自己累積能量，但有時它必須發出聲音。

有一次我去銀行辦理業務。

那時候銀行剛剛開始使用無人機器服務，窗口明明有工作人員卻不幫我們辦理，一大堆人在機器那裡排隊。排了 40 分鐘，好不容易輪到我，卻因為面部識別不出來而不能進行下一步，無奈只好找來工作人員溝通，他們說讓我去櫃檯辦理。

換了窗口，裡面的工作人員隨隨便便劃一下卡，就說：「沒什麼問題，臉部識別有時候不靈敏，你還是去機器那邊吧。」我回過頭，機器那邊已經排了更長的隊了。

「我不過去重新排隊了，我就在這兒辦理吧。」

「辦不了，你去那邊排隊。」

換作以前，我一定乖乖拿過金融卡，繼續去排隊，可是那天我沒有。

我隔著玻璃和裡面的工作人員理論起來：「我已經耗費很多時間排隊，是你們的服務機器有問題，原因不出在我身上，我也有自己的時間成本，現在過去還要重新排隊，不太合理。」

櫃員白了我一眼，不說話。負責人過來說帶我去機器那邊辦理，我再次拒絕：「剛剛我已經說得很明白了，我沒有無理取鬧。現在就幫我辦理吧，不然我有權利投訴你們。」

我無心拿投訴來嚇唬工作人員，全程也沒有大聲爭吵，只是在維護我自己的權益。我沒有發火，而是把脾氣和態度拿出來。何況，是我規規矩矩按要求辦事，卻被不合理地對待在先的。

最後負責人進去和櫃員小聲說了幾句，櫃員用極其不爽卻無可奈何的複雜表情幫我辦完了業務。

——

一個人所有的懦弱和膽怯都是在懲罰自己，所有的雞湯、熱血、大道理，歸根到底不如大聲說出來。

所以想想，那些沒信用、不敬業的人，會因為你的體諒和包容就學會善待別人嗎？我想未必吧，反而容易被當成軟柿子。

　　我不是鼓勵大家去吵架，只是透過自己的經歷去思考，覺得我們可以善良和適度寬容，但不要當軟柿子，遇到不合理的對待時，就要為自己的權益據理力爭。

　　要勇敢為自己發聲，說「不」，說「我需要」，說「我不願意」。

　　沒有人願意耗費精力去做凶巴巴的人，只是很多時候，我們乖巧溫柔得體地去表達訴求，未必可以得到真誠的回應，事情也未必能很快地解決。

　　這個時候，姿態稍微強硬一點，雖然是無奈之舉，不過往往確實比較能解決問題。我只是不想當你面對生活的堅硬時，過於在意面子和膽怯，反而讓自己委曲求全。

――

　　人與人交往，難免產生摩擦，發脾氣不是壞事，如何既能抒發情緒，又能解決問題，才是我們要知道的。

　　比起情緒上來時，先在語言上占上風更有優勢，更重要

的是，找到事情的原因和自己不高興的理由，是對方的問題，還是自己的問題，這點要弄清楚。

具體問題具體分析。如果是自己的問題，合理發洩，給自己的「不滿意」「不高興」「不誠心」找到出口，絕對不能把別人當出氣筒，這樣既丟了自己的氣度，又「傷害」了別人。

如果是對方的問題，小問題，要麼隱忍，要麼委婉表達出來；一旦涉及原則底線的大問題，那就要擺好心態，合理溝通，正確表達自己的想法和態度，促使事情更好解決。

有一點很重要，面對問題的時候，我們要對事而不對人。

相信很多人都有過這樣的經歷，脾氣來的時候，真的是嘴和腦都不受自己控制，專門挑些能「扎」痛對方的話來說，很難做到就事論事，有的甚至上升到肢體的接觸。

但你回頭看看，這樣的方式沒有一次帶來好的結果，不但問題得不到解決，還激化矛盾，給雙方心裡帶來或深或淺的「內傷」。

你有權表達自己的憤怒，但也不能被怒火左右自己思考的能力，要時刻保持客觀冷靜，不斷梳理自己的思路，只有這樣，你才能一步步達到你的預期。

——

美國著名心理醫師派克（Morgan Scott Peck）曾經這樣說：

「在這個複雜多變的世界裡,要想人生順遂,我們一定要學會生氣。我們要學會用不同的方式,恰當地表達憤怒的情緒。有時候需要委婉,有時候需要直接,有時候需要心平氣和,有時候不妨火冒三丈,生氣一定要注意場合、時機和人物。」

脾氣是要發的,但要看怎麼發。發脾氣不等於可以亂發脾氣,不等於無理也要辯三分,不等於有效發脾氣。

你所有的情緒都順應你的目的,要學會利用情緒的內在力量達到你的主要目標。

你可以發脾氣,但發脾氣之前,先動動腦。畢竟發脾氣並不是一定需要有暴怒的面孔、猛烈的情緒、尖刻的話語,或者必須要高對方一個聲調,我們是為了解決問題,而不是製造問題。

寫到最後,有點小感慨。

人啊,還是要能粗能細。脾氣這東西多不得,一點都沒有也是萬萬不可的。

該得體的時候必須得體,該理直氣壯維護自己的時候,半點都不要怯懦。因為心不怕苦難,它怕委屈。

二十幾歲的時候不要偷懶，

不然要在三十幾歲的時候日夜彌補。

為了想要的生活而奔波，是成年人的一種體面，

通往詩和遠方的路上，既需要情懷，也需要盤纏。

09
除了買買買，我們還能怎樣愛自己？

—

愛自己的方式，
絕不只有「買買買」

真正的愛自己，不僅僅是你去了那家高格調的西餐廳，
給自己買了全能乳液，又添了幾件名牌新款時裝。

愛自己，在於你能在多大程度上尊重自己、忠於自己、肯定自己，
那是一種來自內心的力量，幫你對抗最平庸的生活。
更取決於你能否和自己好好相處，和世界握手言和，
能否在面對世俗不堪一擊的時候，在遭遇生活風浪的時候，披上鎧甲去戰鬥。

最近幾年特別流行「愛自己」這個論調，連我媽媽在敷面膜的時候，都會說上一句「要保養要愛自己」，各種行銷口號喊得震天價響，「美女，你值得擁有更好的東西」。於是，買買買成了女生們投資自己、對自己好一點最直接的方式。

我一點都不否認這種方式帶來快速療癒的作用，在寫不出稿子、心情低落，又或是取得階段性收穫時，我都會去商場逛逛，用刷刷刷和買買買來安慰或鼓勵自己。但你有沒有發現，買買買這種直接粗暴的方式，並不具備讓你的生活走上良性循環的屬性，它能帶來的不過是片刻的歡愉。

更何況現在「斷捨離」的概念似乎更風行，斷＝不亂買、不收取不需要的東西，捨＝處理掉堆放在家裡沒用的東西，離＝捨棄對物質的狂熱迷戀。

所以，除了買買買，你真的愛過自己嗎？

——

對於我來說，每到季節交替時就生病這件事像是個魔咒，今年也不例外。

初春忽冷忽熱那幾天，我在社區門診打點滴，遇到一個女孩因為節食過度導致低血糖暈倒，被保全和物業管家一起送了過來。那女孩躺在我旁邊的床位打葡萄糖，我才認出她和我住在同一棟，平時早晨上班在電梯裡會碰見，也會打招呼。

她醒來後，我問她為什麼要這麼拚命節食，暈倒不是小

事，胃要是餓壞了損失就更大了。她蒼白的臉上沒帶一點血色，有氣無力地說：「我男朋友喜歡骨感的……」我心想，還真有傻女孩。

幾個月之後，晚上下班回來在中庭碰見她，還真是活脫脫瘦了一大圈，而且整個人氣色很好，讓人覺得眼前一亮。她說自己現在的體重可以維持在 45 公斤。

「那你男朋友現在一定超喜歡你吧？你肯為了他變得這麼瘦。」

「我們分開了，所以也不算是完全為了他。」她說話時語氣淡定。

當她減肥開始見成效的時候，男朋友卻提出分手，理由倒是沒有半點藉口，他喜歡上了別人。這女孩在男朋友的手機裡看到過他新歡的照片，那是一個有點嬰兒肥的女孩，沒有她高，更不比她瘦。

分手之後，這女孩沒有因此停止減肥。

她說雖然做這件事最初的原因不存在了，可是既然已經開始，半途而廢怪可惜的。只是她不再瘋狂節食，捨棄掉自虐的方式，用輕斷食、游泳、慢跑來代替。慢慢地，她變得又瘦又健康。

有時候，只有當你放棄一段沒意義沒營養的感情，才會

發現愛情並不是我們唯一應該去投入的事。

不愛的時候，心情和頭腦也就真的慢慢平靜、清明起來，沒有多疑的猜忌，沒有受傷的敏感，沒有失控的惱怒，沒有期望的焦慮，沒有失望的傷心，最主要的是，也沒有那些傻得不著邊際的幻想。

愛自己，是不在愛情裡做卑微乞求的人，在失戀後不對自己進行二次戕害。

——

小時候，語文考卷裡的作文題目，常常要我們寫自己的夢想。那時候的我們，是真的以為長大後自己可以成為科學家，可以做律師，可以創造所能想到的一切。但時間會說真話，現實中那麼多殘酷和苟且，把我們折騰得腿腳癱軟。至於夢想，早就在日復一日中磨滅了。

但總有人時刻提醒自己，別忘了心中的夢想，那是你一直想做卻還未完成的事。唯有不忽略自己的感受，珍惜自己內心的那份熱愛，才能跟現實打個平手，不是嗎？

愛自己，是從不忘記自己內心深處的熱愛，在自己選擇的路上面對難題、承擔風險、體驗苦樂，最後學會享受其中。

真正的愛自己，不僅僅是你去了那家高格調的西餐廳，給自己買了全能乳液，又添了幾件名牌新款時裝。愛自己，在於你能在多大程度上尊重自己、忠於自己、肯定自己，那是一種來自內心的力量，幫你對抗最平庸的生活。更取決於你能否和自己好好相處，和世界握手言和，能否在面對世俗不堪一擊的時候，在遭遇生活風浪的時候，披上鎧甲去戰鬥。

沒有能讓你一夜變美的面膜，也沒有能徹底扭轉你人生的雞湯。更別妄想去尋找男人的懷抱，也別抱著僥倖仗著自己是女孩向命運撒嬌。恕我直言，別鬧了，沒用的。沒人能護你周全，只有你對自己的不縱容、不放棄，每一天的進步、蛻變、成長，才能讓你不斷強大。只有你強大了，世界才會變得柔軟。

愛自己這三個字，希望我們能好好揣著。
我們的成長，從來不是來自物質堆砌，而是來自你心底那份對自己披荊斬棘的溫柔守護。

成都魁星樓街的禪泉冰粉，午後店裡人還不多，
整體的日系木質風格讓人一走進去就安靜下來。
推薦貢梅煎冰粉，酸梅湯做糖水，加入冰冰的橘子和細細的桂花瓣。
不被生活推著走的時刻，就是好時刻。

10

註定要分別的人，要不要好好說「再見」？

———

要離開的人，
自己是有預感的

———

機場比婚禮殿堂見證了更多真摯的親吻，
醫院的牆壁比教堂聆聽到更多的禱告。

遺憾和失去，是我們每個人都繞不過的人生課題。
告別比告白還要難，要是早知道要離別，朋友會不會更懂體諒，
戀人是不是更溫柔，家人是不是要給更多陪伴，
對世界是不是更容易心存悲憫？

接到家裡電話的那天，我剛結束工作離開公司，在回家的路上。

「姐，外公走了。」我聽見電話那頭嗚嗚的哭泣聲。

「我知道了。」掛斷電話後，我覺得車窗外的路燈格外晃眼，晃得我直流眼淚，腦子裡飛速閃現出記憶中關於外公的片段。

我 7 歲那年，外公在我家養病，中午送我上學的路上，會偷偷給我買媽媽禁止我吃的爆米花。

我抱著爆米花袋子，我吃一個，遞給外公一個，他笑咪咪地看著我說：「你下午在學校要把它吃掉，或者和同學分享，不要帶回家讓你媽知道我們偷偷買了這個。」

「放心吧外公，我是講義氣的。」說完我又抓了一大把爆米花塞進嘴裡。

我念小學時，有一次報名參加學校運動會的家庭接力賽跑。爸媽因為工作，都沒能來參加。在我以為自己要被取消資格的時候，他提著一袋零食出現在操場，在近千名學生裡尋找我。

「外公，一會兒你把接力棒遞給我，不要給錯人了。」
「知道的知道的。」

我記得那天我們得了第一名，獎品是一個水壺和一個文具盒。在夕陽的餘暉下，我喜孜孜地和外公一起走回家。後來因

為這件事，我被爸媽責罵了一頓，他們認為我不該讓外公陪我跑接力賽，這樣很危險，完全沒有顧忌他那時候已經是一位七十多歲的老人了。

我 20 歲那年，買了兩坨毛線，織了兩條圍巾。一條送給當時喜歡的男生，另一條送給了外公。

「外公，這是我送你的新年禮物，等我以後賺錢了，給你買更好的。」

「這個就挺好，暖和。」外公坐在床邊，一邊繫圍巾一邊說。

念大學時我離開家，畢業工作後一年只回家一次。每次我妹妹去看外公，他都會問她：「你姐什麼時候回來？」我妹妹便假裝生氣：「外公你也太偏心了吧。」他就瞇起眼睛笑。

這幾年，每一次匆匆回家又匆匆離開，我都會和外公說：「等我下次回來。」他會點點頭。我在門口穿鞋要走的時候，外公在沙發上，用手臂使勁撐著自己，跟我揮手。

唯獨我們最後一次見面，當我說「外公，你要按時吃藥，我五一假期回來」時，他沒有點頭。我以為他沒聽清楚我說的話，所以又重複了一遍，他只是看著我，沒有任何表情。

那天走的時候，我像從前一樣，穿好鞋站在門口，回頭看他，那一次，他沒有看我，而是背對著我躺著。

現在我才明白，他知道自己等不到我回來再見他了，所以他沒有點頭答應我。這個從小給我最多偏愛的倔老頭，他不想騙我。

要離開的人，自己是有預感的。

我以前覺得在網站裡轉發醫學奇蹟的人很蠢。什麼查出絕症，隱居山林就好了；被推到火葬場突然又復活；用了哪些奇奇怪怪的偏方康復了。

在聽到外公離世的那一刻，我希望這些都是真的，總會還有辦法救活他。

———

小時候我對死亡是無感的，看到電視劇裡講「人死不能復生，節哀順變吧」，只覺得冷漠。長大後經歷過親人的離世，才明白那種隱密的痛和幻滅感。只一秒陰陽相隔，已經遙遠得再也見不到。

人生好像到了某個階段後，生活就會開始替我們做減法。他們匆忙地從你生命裡路過，從人生的列車出站，甚至還未叫醒酣睡的你。沒有告別，沒有擁抱。

你以為你會擁有的，偏偏就是消失得很快，快到你還來不及眨眼睛就溜走了。所以你知道了吧，電影裡演的大多是騙

人的。真正的離別沒有電影裡的催人淚下，也沒有含淚追火車的情節。這世間真正的離別都是猝不及防的，死亡也是必然會降臨的環節。

想起電影《可可夜總會》裡的情節，人在死亡後，會在另一個世界存在著，而且有著豐富的生活。他們會在每年亡靈節那天，走過往生橋，回到家中與親人團聚。最重要的是，逝者知道他們仍然被活著的人銘記。

記憶是靈魂的 DNA，所以我想，外公也會在某個節日，踩著鞭炮碎屑鋪就的路，回到我們身邊，回到他傾注了一生心血的地方。

如果每個人都是一顆小星球，逝去的親人就是我身邊的暗物質。我知道再也見不到他們了，但他們的引力仍在。感激曾經彼此光芒重疊，而他們也永遠改變了我的星軌。縱使不能再相見，他們仍是我所在星系未曾分崩離析的原因，是我宇宙之網的永恆組成。

外公，您比我早來這世界很多很多年，去下一個地方，肯定也要先去的。雖然我們會失散很久很久，在這很長的時間裡，爆米花不會再好吃，接力賽不會再熱鬧，也沒有針腳粗糙笨拙的圍巾，但我知道，緣分很奇妙。我會好好生活，等再相見的時候，您問我後來人間如何，我會告訴你，一切都很好，唯獨時常想念您。

―――

這幾年，常常聽到這樣的消息。不僅僅是自己，連周圍的朋友偶爾也會說起家裡患病的親人、年邁的爺爺奶奶、要定期做肝功能檢查的舅舅，或是風濕越發嚴重的姑姑等。

這時候大家會敏感又小心地相互安慰著：「年紀大了嘛，難免的，我們老了也是一樣的。」

不知道你們有沒有這種感覺，小時候，這種事大人們並不會特意告訴我們，似乎我們不需要也沒資格去插手。如今，我們終於有了知情權，才發現，這並不是什麼值得炫耀和開心的事。

「家人」是每個人的軟肋，而「生老病死」不單單只是四個字，更像是生活中被蒙上一塊布的鐘錶，「嗒嗒嗒」，從未停止。

突然想起大三那年，有天我去圖書館找室友一起去吃飯，在她的座位來來回回走了幾趟，也沒見著人，只看到她的書攤開著，鋼筆沒有蓋好蓋子，條紋的長柄雨傘掛在椅子邊。

於是我發訊息給她：「你在哪兒？吃飯嗎？今天學生餐廳有餡餅。」

「我回家了。」

「這麼突然要回家，上午都沒聽你說起。」

「嗯，我家裡有人去世了。」

我不知還能說什麼，只能回一句：「節哀，路上注意安全。自修室的東西我幫你收好帶回去。」

「謝謝。」

從圖書館出來，外面下起了雨，這個初秋可真冷啊！

我快步跑回宿舍，室友的櫃子沒有關，床鋪上散落了一些物品，水杯倒著，拖鞋也沒有收好。她應該是回了宿舍，收拾東西又走了。這一片狼籍的背後，是她強忍著淚水的慌亂。

很久之後，再和這位室友聊起這些事，她說：「那個當下並沒有太多感覺，更多的是迷茫，是麻木。難過的是在後來漫長的日子裡，一件事、一句話、一個物件勾起的回憶，才會真切發現，你真的失去他了。」

離開的那個人，就像一顆拔掉的牙齒，就算那顆牙已經從我的生命裡消失很久了，但它曾經連著的那根神經，偶爾還是會冒出來疼那麼一下。

——

每個人，都由他所經歷的故事組成。「離別」意味著要為一段你用生命和時間體驗書寫的故事畫上句號。這個句號往往不是主動為之，而是被強行書寫的。

畢竟，很少有人願意把自己的一段經歷，以及這段路上

與自己有過共同故事的人貼上封條，塞進再也不會打開的倉庫裡。

最近幾年裡，我面對許許多多次的告別，說了很多「再見」「對不起」「謝謝你」，以及沒說出口的「我想念您」。

我開始學著接受一切主動或是悄無聲息的告別，親情、友情和愛情。生活會繼續，它永遠有它下一個階段。

我記得，吉本芭娜娜在小說《廚房》的後記裡寫下這麼一段話：人不可能永遠和摯愛的人相聚在一起，無論多麼深切的悲哀也會消逝，一如時光的流逝。

大概這就是這本書想要告訴我們的：一切都會過去，我們終將學會告別。

坦然地接受分離和告別，也是長大的一部分。面對現實，學會接受，保持成長，讓自己的往後餘生，過得坦然充實，堅信自己一定能夠過上全新的生活。

這也是對離開的人和曾經的自己最大的慰勉。

——

機場比婚禮殿堂見證了更多真摯的親吻，醫院的牆壁比教堂聆聽到更多的禱告。遺憾和失去，是我們每個人都繞不過

的人生課題。

告別比告白還要難，要是早知道要離別，朋友會不會更懂體諒，戀人是不是更溫柔，家人是不是要給更多陪伴，對世界是不是更容易心存悲憫？

在一檔綜藝節目裡，44歲的歌手朴樹在現場演唱歌曲《送別》。前半段，朴樹還算平靜，但唱到「情千縷，酒一杯，聲聲離笛催」時，他突然情緒失控，聲音哽咽，然後轉過身去，掩面大哭。

哭完以後，他沒辦法繼續演唱，示意和聲繼續。他捧著麥克風虛晃著身體，似乎錐心的往事湧上心頭，令他萬分悲痛。

我記得有的熱評說朴樹太矯情，這也值得哭？而另一個熱評說：「我真羨慕那些聽不懂的人。」我也羨慕，真希望你們如今風華正茂，依然不懂離別的悲傷。

不懂也好，這輩子都不要懂最好。

生活中有四件事可以改變你，愛、音樂、文字和失去。前三件事讓人心生希望，請允許最後一件使你變得勇敢。

後來你才發現，熬夜是緩解壓力的一種方式。

爸媽睡了，孩子睡了，老闆睡了，競爭對手睡了，

全世界都睡著了。

你用這好不容易偷來的時光，

趕緊做點自己喜歡的事。

11

備胎這個美夢，你打算什麼時候醒？

—

往往是那些讓你為之動容的東西，
一次次地辜負你

他心裡有你嗎？也有，但只占很小很小的一部分，
分量很輕，輕輕一拍一吹，就消失了。
就好像在廣場餵鴿子，你所得到的愛，
只能是他手裡掰碎的一小塊麵包屑。

你應該做一條獨一無二的錦鯉，
而不是他魚池裡一條可有可無的魚。

周同學和女神小姐的故事，我在《你的美貌不敵你的熱鬧》一書中提到過。

上次寫到，周同學準備的表白派對，在女神小姐一句「我們只是同學」後熄了火。

我和你一樣，以為事情就到周同學在學校門口的小燒烤店買醉，朋友們一邊為他鳴不平，一邊暗地裡討厭女神小姐而結束。

接下來的日子，我們經歷了畢業、投履歷、租房、實習，聚會地點也從校門口的燒烤攤，挪到了我家樓下的燒烤攤。

五個月後，一個下著暴雨的下午，周同學在群組裡發了一條簡短的訊息：我和葉卿卿在一起了。這次是真的，這次是真的，這次是真的！

哦，對了，葉卿卿就是他的女神小姐。

至於兩個人是怎麼藕斷絲連，怎麼又在一起的，周同學是如何「扶正」的，大家沒有問。

對於成年人來說，有時候「不問」是最起碼的禮貌。

有人久病成醫，有人久愛成魔。有人脫單是「恭喜你呀」，有人脫單是「祝你好運」。故事的走向往往像天氣一樣難以預料，同樣跟天氣一樣無可避免。

———

　　有一天我和朋友去口碑很好的甜品店打卡。期間，聽到隔壁桌的情侶對話。

　　「就是旁邊商場一樓那家飾品店，誰誰誰的戒指就是在那兒買的。親愛的，我想要項鍊，只要基本款就好。」

　　男孩子低頭挖了一勺綠葡萄蛋糕，沒有說話。

　　「也沒有多貴，夏天了，我想買一條項鍊配裙子，不幫我買嗎？」女生語氣中滿是嬌嗔。

　　「那刷我的信用卡好了。」

　　我裝作不經意，扭頭看了他們一眼。

　　「怎麼？你認識呀？」朋友問我。

　　「不，不認識。」

　　其實聽到這段對話時，如果不是這男生屬於偏瘦小型，我真的要以為他是周同學了。

　　很難得，我們這一幫朋友工作後也會抽時間出來聚聚。

　　於是，不難看到周同學和葉卿卿兩個人經常出雙入對。每次我們喝酒聊天，葉卿卿就坐在一旁刷手機，時不時冒出一句「××品牌上了新款」，或者「我們辦公室那個『95後』的女孩又換包了，皮膚真的好得不得了」。

葉卿卿就跟剛才說的那個女生一樣，最常冒出的話就是：「你買給我好不好？」

周同學對於女朋友的要求，從來都是連眉頭都不皺一下，每次都會笑著說：「喜歡就買吧。」葉卿卿就會「吧唧」一聲，在周同學臉上親一口，然後繼續刷手機。

畢業後的葉卿卿在一家電商做文書工作，而周同學則當起英語老師。兩個人的收入倒還好，但是這個「還好」根本經不起葉卿卿的購物慾。她自己薪水不高，拿著周同學的信用卡，有喜歡的就買，就連雙11和618這樣和傳統節日不相干的日子，葉卿卿都要周同學送她禮物，說這樣更有「儀式感」。

要不是看到他手裡的一疊信用卡，我真要以為他是偷偷做了什麼非法的營生。每到這種情況，我們就低下頭吃飯，假裝沒聽到也沒看到。

——

後來，飯局上多了一個叫阿夏的女孩，是周同學拉來的。

周同學和阿夏認識的過程也很戲劇化。地鐵1號線的下班高峰能擠到什麼程度呢？一前一後站著的一男一女，女生的口紅唇印能印到緊貼著男生後背的T恤上，加量三明治能給你擠成印度烤餅。

呼吸困難，令人暴躁，有時還能嗅出汗液和人類皮膚分泌物的混合味道，阿夏一臉生無可戀地掃描了一下車廂裡的「人體肉夾饃」。

　　有個猥瑣男竟然在偷拍他前面的女生，看那女生的打扮像個高中生，正專心玩手機完全沒意識到身後的風險。

　　阿夏「排除萬難」擠到女生旁邊，小聲說了句：「小心，有人偷拍你。」

　　猥瑣男惡狠狠地瞪了阿夏一眼，說：「我告訴你說話當心點，造謠信不信我扁你。」

　　膽小的阿夏立刻慌亂起來，心想：三十六計走為上策，保命重要。

　　此時，一個高個子的男生，硬是從像黏了強力膠水的人形波浪中擠了過來，他用手指著猥瑣男：「你一個大男人不幹正經事還有理？要動手？那就試試！」

　　猥瑣男一見高個子男生氣勢逼人，車門一開，趕緊跳下車，像個逃竄的過街老鼠。沒錯，這個高個子男生就是周同學。

　　「謝謝你啊。」
　　「沒事，這種欺負女孩的人不用怕。」
　　「可是剛剛要是真的打起來該怎麼辦啊？」
　　「那就是男人之間的較量了，哈哈！」
　　「我在下一站下，你呢？」

「啊？我也是。」

「要不一起走……」

「好的。」

　　據說那天兩人出了地鐵，在傍晚的夜色下，吹著晚風走了好長一段才說「再見」。這期間兩人互相留下名字，加了好友。阿夏跟周同學成了朋友，周同學把她拉到我們的群組裡，從此只要聚餐，我們就會叫上她。

　　阿夏個子小，聲音也小，每次吃飯都抱著杯子喝水，不怎麼說話，只是跟著我們傻笑。時間一長，她也知道了周同學和葉卿卿的故事。

　　關於葉卿卿心安理得花周同學錢的事，一個願打一個願挨，作為朋友不能說什麼。偏偏酒精害人，有一天大家喝得有點多，一個朋友問葉卿卿：「你一個月薪水大約多少呀？」

　　葉卿卿愣了一下，「你問這個幹嘛？反正我想要什麼，我男朋友都會買給我的。」

　　我在桌下使勁踩朋友的腳，也沒攔住她的下一句：「周周，認識這麼多年，我都不知道你是個富二代啊！」

　　周同學面露尷尬，眼看踩腳沒用，我又拉了拉朋友的衣角，示意她差不多了。

　　誰知葉卿卿不嫌事大地補了一句：「有的人倒是想花男

朋友的錢，但連男朋友在哪裡都不知道吧！」

看著朋友的臉色逐漸變僵硬，我們趕緊打破這陣可怕的沉默。話題是岔開了，但那之後，這個朋友再也沒有參加過我們的聚餐。

她說：「周周早晚會後悔的。」

——

周同學會不會後悔我們不知道，看他的樣子，不像。

他一邊任憑女朋友刷著他的信用卡，一邊拚命賺錢，填補那幾張信用卡的帳單。有段時間的聚餐，他都沒來，聽說是下了班要去補習班教課，晚上回到家還兼職線上教學，一個星期加起來只睡不到十個小時。

就在這種狀態下，周同學還答應葉卿卿的要求，替她換了一個新的包。這個包的價位，是我 3 個月的薪水。

有次周同學在上課的時候暈倒了，同事把他送回家。他高燒 39 度，在床上躺了三天。

我們去看他，他家裡一團糟，化妝品、衣服、包，扔得到處都是。

「葉卿卿呢？」
「和朋友去看演唱會了。昨天剛走。」

我們幾個互相看了一眼，什麼都沒說。我開始幫他收拾屋子，阿夏去廚房煮了清粥，炒了幾個小菜。

　　我們坐在餐桌四周，看著周同學狼吞虎嚥地吃完。
　　一個朋友說：「你再寵女朋友也要有個限度吧，拿命換錢不是開玩笑嗎？」
　　周同學笑笑：「她要的，我就想給她。」
　　「有病！」
　　「傻！」
　　「腦子壞了！」

　　周同學把最後一片菜葉塞進嘴裡，抬頭問我們：「你們最近有人寄東西給我嗎？」
　　我們白了他一眼。周同學接著說：「奇怪，最近總是收到保健品，護肝的、護眼的，還有維生素。」
　　臨走時，阿夏還是一貫的輕聲細語：「你自己多注意身體。」

　　作為一個經常探討情感問題的作者，我偶爾也會問自己，周同學這樣做對嗎？或者說在這件事上，對錯重要嗎？

———

　悶熱的夏天終於接近尾聲。

　阿夏主動申請去了深圳的分公司，由於走得匆忙，忘記帶了幾本書和她最愛用的咖啡機。

　「下週我要去深圳參加朋友婚禮，東西我幫你帶過去吧？」我打電話給阿夏。

　「麻煩你啦，我把家裡大門密碼給你。」

　在阿夏家裡打包東西的時候，我發現了一疊快遞單，上面的收貨地址是周同學的家，收件人是周家明。

　我和阿夏約在商場一樓的露天餐廳見面。

　「大家都好嗎？周周⋯⋯最近怎麼樣？」阿夏低頭猛吸一口冰美式。

　「阿夏，我在幫你打包的時候，看到了你的快遞單。」

　「看來，被你發現了⋯⋯」

　「這麼長時間，我都沒看出來你喜歡周周。」

　阿夏不說話，只是點點頭。

　「你有沒有把心意透露過給他？」我試探著問。

　阿夏睜大眼睛：「那怎麼行？他有女朋友的，我不能打擾他。」

「再說，不是所有的喜歡都能說出口，不是所有的想念都能讓對方知道。你書裡也是這樣寫的啊。」

好吧，我還是第一次被自己寫的東西噎住了。

「喜歡人不犯法。我只想在合適的範圍內，為他做一點我能做的。也不知道這些東西有沒有用，至少能讓他健康一點吧。」阿夏的眼睛看向遠方。

結帳回來，阿夏說：「走吧，我送你。還有就是，剛才那些話，你可以不告訴周周嗎？」

我看著阿夏，好像還是第一次這麼仔細地看這個女孩，清秀的臉蛋，黑豆一樣的眼睛，眉目溫柔。

我點點頭：「好，我答應你。」

「我認識周周的那天，也是這樣的晚風，輕輕地、沒聲響地吹。」阿夏自顧自地說著。

——

又過了幾個月，和天氣一起涼的，還有周同學的愛情。

據說有段時間他因為太累了，眼壓過高，看東西一陣一陣模糊，還噁心嘔吐。醫生叮囑他一定要好好休息。他辭掉補習班的工作，線上授課的時間也減少一半，自然少了一大筆收入。

葉卿卿想買一雙 YSL 的新款高跟鞋，在第三次被周同學

拒絕這個要求後，在家大吵大鬧，說他不愛她了，說他沒本事，要他上交所有的積蓄和信用卡。

周同學呆呆地看著她，好像在看一個不認識的人。

恰恰是那些讓你為之動容的東西，一次次地辜負你。

「那些信用卡怎麼辦？」

周同學笑了兩聲，伸了個懶腰。「唉。」他嘆口氣。

「你不是打算自己還吧？」

「嗯。」

「有病！」

「傻！」

「腦子壞了！」

「你看我們這一群，大家忙工作、忙出國、忙生孩子，就剩我們幾個還能抽空見面。以前總給我寄保健品的那個人，後來也沒寄了。」說完，周同學轉了轉手腕上的錶。

「你還沒弄清楚是誰寄的嗎？」我試探著問道。

「問了幾個人，都說不是，你不會知道吧？」

「我怎麼會知道，哈哈。」我不敢抬頭看周同學的眼睛。

那天我們在酒吧坐了很久，夜色、晚風還有秋天最後一批倔強的蚊子。

其實我是有點後悔的，後悔答應阿夏幫她保密。但周同

學真的不知道是誰寄的東西嗎？

——

聽說分手後葉卿卿發了一條很長的訊息給周同學，陳述這些年兩人的感情過往，謝謝周同學愛了她許多年，也承認自己不是適合他的女孩。末尾還有一句「對不起」。

有些對不起，就像機場班機延誤時廣播裡的那句「抱歉」，像瓶蓋上的「銘謝惠顧」，都是空乏的禮貌用語，毫無感情卻讓人無法反駁。

後來偶然間，我看到阿夏、周同學和葉卿卿三個人的群組上的標題。

阿夏：大霧四起，我在無人處愛你。

周同學：我做不到及時止損，但心甘情願自負盈虧。

葉卿卿：人類有三件事沒辦法隱瞞：咳嗽、貧窮和愛。越是隱藏，就越是欲蓋彌彰。但實際上，還有一件，那就是不愛。

——

感情裡最猝不及防的事，就是被人當成備胎。

他心裡有你嗎？也有，但只占很小很小的一部分，分量很輕，輕輕一拍一吹，就消失了。就好像在廣場餵鴿子，你所得到的愛，只能是他手裡掰碎的一小塊麵包屑。

一個人喜不喜歡你，有沒有用心，其實是可以感受得到的。

喜歡是一種特別的情感，強度和濃度都不同於其他普通人際關係，只是有時候我們假裝感覺不到。

你應該做一條獨一無二的錦鯉，而不是他魚池裡一條可有可無的魚。

七月盛夏的夜晚,在一間叫作「時間之外」的酒吧,
分享的祕密在一杯長島冰茶、
一杯特調威士忌和一小碟堅果中消化。
噓,不要被第三個人聽到。

12

你有沒有因為肥胖而自卑過？

——

但凡精緻好看的，
都是暗地裡下過功夫

瘦這件事到底有多重要？
坦白說，對我很重要，但對你未必。

如果你不滿意現在的體態，那你可以為自己努力一把。
若你覺得身材對你的生活並沒有什麼不好的影響，
那麼開開心心、隨心所欲沒什麼不好。

畢竟這世間的女子，無所謂美醜，皆是花朵。

先問一個直擊靈魂的問題：你覺得自己長得好看嗎？

敢非常自信地說「我覺得自己非常好看」的人大概沒有幾個。大部分人的回答差不多都是：可能還可以吧。在這大部分人裡，也包括我自己。

———

看過一個調查，在兩萬多份的有效問卷中，只有 1% 的人表示對自己的外貌非常滿意，而對自己外貌不滿意的人則占了 35%，非常不滿意的人占了 4%。剩下的人覺得自己長相馬馬虎虎、不上不下，自己也說不清楚。

另外，在調查中，超過 60% 的人認為外貌形體非常重要，只有 2% 的人認為不重要。這就能充分說明，現在大家對外貌的關注度已經越來越高。

所有女生都希望自己可以更美一點，更瘦一點；所有男生都希望自己頭髮多一點，身材再結實一點。

女生渴望永遠嬌嫩，男生渴望不要油膩，然而這世界從來就沒有不勞而獲的如願以償。順其自然是騙人的，人越長大，不是老就是胖，但凡精緻好看的，都是暗地裡下過功夫的。

———

你有過當胖子的煩惱經歷嗎？

我有過。

我不會忘記一起玩的小夥伴，總會在放學回家的路上一直揉捏我的胖手臂，她覺得捏肉多多的手臂很有感覺，卻全然不顧我心中的煩躁、不悅。

不會忘記年級拔河活動的時候，老師挑了我上去和男孩子們一起比賽。

不會忘記耶誕節全班只有我一個女生沒有收到禮物。

不會忘記因為沒有合適尺碼的裙子，而錯過晚會的舞蹈表演。

「胖」似乎成為我青春時代揮之不去的陰影，我一直陷在這樣的自我否定中，周而復始了許多年。

如今，再也沒有人用「胖」這個字來形容我，我擁有更多件 S 號的衣服。

但如果你問我：「這幾年你一直在堅持的事情是什麼？」

「減肥。」

是的，仍然是減肥。從 24 歲到這一刻，我從未停止。這也就不奇怪，為什麼在我的每一本書裡，都有關於身材管理的討論。

———

以貌取人已經不是什麼新鮮事，以貌待人也是經常發生的事情。所以，一味標榜內在而忽視美貌，也是一種膚淺。

談戀愛這件事對胖子挺無情的，你想要男神做男友，首先你也得修煉成走路帶風的小仙女。不然對方得有多厚道，才能透過你邋遢的外表，去體會你那顆溫暖善良的心。無論你是誰，都別忘了給你喜歡的人一個接近你的理由。

璐璐和一個男生在遊戲群組裡認識，單獨加了好友後，聊了三個月，從打遊戲的技巧聊到飲食起居，從綜藝節目聊到經典電影，可謂是話題投機，曖昧升溫。

因為是異地，兩人都盼望著約會見面。這個網路上認識的男生，經常發紅包和網購禮物送給璐璐，單支口紅沒誠意，要送就送整套，沒見面就已經花了不少錢。

璐璐心裡暗自竊喜，覺得天上掉下的好運，這回算是砸中自己了。那天，晚上八點多，璐璐落地對方城市的機場。她匆匆趕去約好的酒吧赴約，坐大巴的時候，還在原本就厚重的妝容上又補了一層粉。到酒吧門口的時候，兩人還通了電話，但轉眼男生就失聯了，通訊軟體和電話全都被封鎖。

這是……GG 了？璐璐心裡犯嘀咕。

「說好了見面，臨陣玩消失，明明就是渣男。」璐璐委屈極了，後來又託朋友聯繫男生，想要問個究竟。

結果男生的回覆是：「別再說玩弄感情什麼的，她自己什麼樣心裡不清楚嗎？」

隨即，男生發過來兩張照片，一張是璐璐在吧台低頭玩手機、吃薯條的照片，一張是她之前發在朋友圈看畫展時擺POSE的照片。

男生表示，他見到的璐璐，根本就不是照片裡清瘦的模樣，而是一個身高一百六、體重將近 75 公斤的胖子。粗壯的手臂，牛仔短裙擠出的肥肉，當季流行的綁帶涼鞋穿在璐璐的腳上，肉被擠出一條條來，真的很像漁夫，這讓男生連走過去打招呼的欲望都沒有。

璐璐不服氣，說：「只遠遠看一眼，就否定一個人，這個只看臉的世界還像話嗎？我的內在，他都還沒來得及了解呢。」

那時候的璐璐仍不明白，多出來的贅肉時時刻刻都在暴露自己的懶惰、放縱和無知。或許我們都會有這樣那樣的缺點，但讓自己如此糟糕的外在，毀掉原本還不錯的內在，那真是最大的遺憾。

你總說要找到那個愛你靈魂的人，其實我們心裡比誰都清楚，沒有好看的皮囊，很難有什麼人真的願意穿過你的外在，去欣賞你不凡的內涵。平心而論，連我們自己都會朝那個好看

的人多看兩眼，不是嗎？

你弱，他就渣。如果你曾因為肥胖丟失過愛情，那麼多年以後你一定會漸漸明白，那種由深愛一點點變成無奈的行為，是因為你先不愛自己，他才無法繼續愛你，這並不是他單方面的錯。

———

網戀失敗後，璐璐又走了一條錯路——節食。

大概是傷心的人對自己就特別狠。她早上只喝一杯脫脂奶，午餐不吃飯、不吃肉，只吃玉米和番茄，晚飯幾乎不吃，再配合減肥藥，三個月後，她的體重足足減了 22 公斤。

暴瘦後的她變得快樂嗎？並沒有。

疾病開始一個接一個蜂擁而至。她得了慢性胃炎，再接著是月經不調，最後是躁鬱症。她的情緒極易失控，脾氣暴躁，經常失眠。

後來不得不在醫生的建議下服藥，調整作息。最讓璐璐沮喪的是，她在恢復飲食後，體重又反彈了回來。

璐璐的減肥經歷告訴我們，錯誤的減肥方法會傷害你的身體，使免疫力下降，疾病乘虛而入。

脂肪不是一夜之間堆積出來的，人們反而希望它能一夜之間消失掉。其實快速減肥減下的只是身體裡的水分，並不是

脂肪，更可怕的是，快速減肥還會讓你的內分泌失調。

正確的減肥是每天保持規律的作息，嚴格地控制飲食，結合適合自己的有氧運動與無氧運動，每天堅持，這樣才不會復胖，也不會傷害身體，反而會讓你擁有更加健康的體態。

不挨餓是大原則，但還是要管住嘴的，我們要吃飽，但不是所有好吃的東西都要塞進肚子裡。你對自己的身體健康負責，就是對你的人生負責。

——

「吃」一直是我生活裡很重要的一部分。

直到現在，吃好吃的食物對我來說依然重要。體重達到目標後，我開始長期的體重維持，炸雞、火鍋、冰淇淋我都會吃，但會減少攝取量。偶爾也會放縱，在深夜點一份小龍蝦當宵夜。可是，吃過後，我會跳上太空漫步機，狂蹬一個鐘頭來消耗熱量。

保持體重不是讓自己徹底放棄享受美食的樂趣，不是什麼都不吃，而是要有選擇地吃。

水分和維生素要足夠，碳水化合物和糖分更要控制。每天早晨漱洗後我都會量體重，體重一旦上浮 1 公斤，我就會調控自己，儘快回到標準體重上。

很多人都覺得是因為胖很痛苦，所以才要用力擺脫。

從前我也以為是這樣，但當我瘦下來後才發現並不是。人人都覺得胖最痛苦，但其實胖最痛快。你想想，飲食不用克制，作息不用自律，無非就是後果自負，但若你能看開，不在乎別人的眼光，不過分苛求外貌，這後果也沒什麼。

瘦卻恰恰相反，那些看起來自帶仙氣又美好的人，別人永遠不知道她經歷了怎樣的掙扎。

還有一點很重要的事，就是隨著年齡增加，身體新陳代謝會變慢。過去你三天不吃主食，腰圍就可以瘦一圈。現在你一個禮拜不吃主食，也只能瘦二兩。總是想著「明天再減」，意味著你以後要為此付出更大的代價。

如果你到了 30 歲成了一個靈魂有肉香的人，那你不是輸在出身上，而是輸在後天的自我管理上。

今天就減肥，總好過明天後悔。

你若想要征服自己的人生，首先低頭看看自己肚子上的那一圈肥肉。當然不是說胖點就活不下去了，只是，你要繼續長期忍受別人的輕視、好運的不眷顧，以及暗戀的人的視若無睹。如果你想更加真切美好地去體驗這花花世界，那你一定要想盡辦法變美變瘦變好。

白雪公主是因為美貌被王后嫉妒，但同樣也是因為美貌被獵人放走，被小矮人收留，被王子吻醒。

———

現在會覺得，感情裡那個「如何才能被愛」的問題，真的不是重點。

恕我直言，只要你更耀眼了，得到關注並不是難事。哪怕我們內心深處都覺得看臉其實很無趣，但真能接觸到好看的人時，就會即刻原諒自己這種膚淺的心動。

出門的時候，化一個稍顯精緻的妝，包裡再帶上兩支口紅，穿上初春時剛入手的那雙高跟鞋。縱然是加班，也要把自己收拾得乾淨得體。回到家後，請拒絕那些垃圾外賣，點開運動 APP 伸伸腿瘦瘦腰好嗎？

再忙再累，也要抽出時間讓自己美起來，你總不能既沒錢，又單身，又「胖若兩人」吧。

「讓自己變好」這話快被大家說爛了，但它真的不是一句空話。並不是你今天健身了，前天敷面膜了這麼簡單，而是要持續地做好該做的小事，比如認真學習、保持健康、講究穿搭、堅持護膚，對自己的健康和美麗付出時間和精力，這很重要。

泡夜店、穿耳洞、刺青、買醉這些事看似很酷，其實一點難度都沒有，只要你願意去做就能做到。更酷的應該是那些不容易做到的事，比如看書、健身、賺錢、用心愛一個人。這

些才是在常人眼裡無趣且難以堅持的事情。

　　網路上都在轉載的那句話是這樣說的：喜歡一個人，是始於顏值，陷於才華，忠於品格。

　　你聽聽，是始於顏值。如果你和他沒有後來，那多數原因是「死於」顏值。你相信我，變瘦、變美這件事有著某種特殊力量，你減的不是肉，是對生活的抱怨、不堪、曲解和苦痛。你獲得的也不只是馬甲線，而是對生活的自信、積極和鬥志。所以，胖著玩玩這件事，希望你不要太貪玩。

　　沒人知道你的口紅是香奈兒、迪奧、聖羅蘭還是湯姆・福特。也沒人看清你腰上的古馳、LV 是真是假、錢包裡有錢還是有卡。但你是大餅臉還是小 V 臉、有腹肌還是水桶腰、翹臀還是扁塌，五公尺之內一目了然。

　　你過得好不好，別人未必知道，但是你一胖，別人立刻就能看出來。

　　如今和過去的朋友再見面，他們說：「你瘦了好多。」
　　我都會笑著回應：「嗯，過去我好胖啊！」
　　那些經歷過的自卑和無助，在這幾年挨過的餓和流過的汗中代謝掉了。我不再厭惡從前胖胖的自己，那是屬於我真實的、必須要面對的過去。

大腿上留下的紋路像曾經受過傷的疤痕一樣，不斷提醒自己曾經是個胖子。

可是我愛這個小胖子，她沒有放棄和縱容自己，她從肥胖的惡夢裡爬出來。別人只看她從 XXL 碼變成了 XS 碼，只有我知道，她的靈魂也在跟著變強，於是才有了今天的我。

瘦這件事到底有多重要？

坦白說，對我很重要，但對你未必。

如果你不喜歡現在的體態，那你可以為自己努力一把。若你覺得身材對你的生活並沒有什麼不好的影響，那麼開開心心、隨心所欲的生活沒什麼不好。

畢竟這世間的女子，無所謂美醜，皆是花朵。

菌湯鍋溫補，番茄鍋酸甜，

麻辣鍋爽利，泰式酸辣湯別有滋味。

世界上有 90% 的煩惱都可以用一頓火鍋來解決，

如果不行，那就吃完再想辦法。

別怕，就算全世界都與你為敵，食物也會站在你這邊。

13
是我們矯情，還是別人無趣？

——

做不到有趣沒關係，
但你不能無趣還討人嫌

這世界永遠有人被時間推著往前走，
過著「25 歲已死去，75 歲才入土」的生活。
但還好有像你這樣的人，抱著「生活雖然苦，但是我甜啊」的樂觀，
懂得用另一種方式刷出自己的存在感，
勇敢地保留對生活的好奇心和對自己的那一點「小講究」。

「有趣的靈魂」這幾年成了熱門詞。不過「有趣」這事因人而異，很難下定義。

　　朋友酒吧開業，大家約好一起去熱鬧熱鬧，於是認識了仔仔。仔仔在眾人的聊天中不斷賣弄各種小聰明，還沾沾自喜，覺得自己幽默感爆棚。聚會結束後，仔仔主動要幾位女生的微信，卻遭到不約而同的婉拒。本以為就此算了，後來聽說當天晚上他發了一條動態：「看不到我有趣靈魂的人，真的是膚淺至極。」

　　我沒看錯吧？
　　到底是我們無趣，還是他討人嫌？

　　聚會期間，一個女友聊起自己想和朋友一起去西藏，參拜神聖的布達拉宮。仔仔立刻接上一句：「你沒看網路上的視頻嗎？去一趟西藏個個被風吹日曬成黑驢。」說完接著笑嘻嘻地抖著腿，絲毫沒注意她大大的白眼。

　　旁邊的朋友打圓場：「文藝青年嘛，大多有西藏夢的。」仔仔又立刻接上一句：「『所謂文藝青年，大多無所事事』，哈哈，這可不是我說的，是雞湯裡說的。」然後沾沾自喜地給自己倒滿酒。

　　我覺得，一個人如果做不到有趣也沒關係，畢竟這不是對每個人的硬性規定，最怕的是無趣還愛喧鬧。

有趣的人一定是具有情商的，被大多數人所接受的。

這樣的人必然是眼界開闊，能理解和融入多元的世界。這樣的人有自己的原則，交際與處事的方式是能夠讓別人舒服和接納的。隨口搬弄網路雞湯，在群組裡分享惡搞視頻，頂多說明你花在網路無用資訊上的時間太多而已，跟幽默、有趣扯不上半點關係。

人人都想擁有有趣的靈魂，畢竟好看的皮囊大多靠天賜，靈魂還能後天養成一下。只不過一個人的「有趣」，根本不是靠自己給自己貼標籤就能成立的。

有趣是一個人思維和內涵迸出的火花，並恰好被身邊的人欣賞，自發鼓掌稱讚，而不是一場自賣自誇、刻意加戲的表揚。

———

一個有趣的人，或許不是泛泛而談的哲學家，但一定是常換花樣的生活家。

Nicole 就是那種把平常日子過出另一番滋味的人，作為平日裡忙得團團轉的行銷經理，她在該放鬆娛樂的時候，半點都不會含糊。

她不會閒散地打發時間，可以用來消遣的事很多，像是

玩滑板、攝影、DIY 手工藝品、做音樂節的志工，再抽空跳一個小時的舞蹈。她的床頭堆起高高的一疊書，睡前閱讀摘抄，週末無事不需要外出就啃老電影，豆瓣小站裡她寫的影評已經超過五百篇。

因為熱愛美食，經常會在部落格裡分享自己的做菜心得，將每道菜拍攝得秀色可餐。去年我生日的時候，她親手畫了一幅我和我家狗狗的合影送我。

有次我們一起去小動物收容站，打掃完籠舍後，我看見 Nicole 正在和一隻小狗對話，「你長得真好看呀，順順的毛髮，圓圓的眼睛。沒有主人不要傷心哦，我會常常來看你的，如果你也喜歡我，你就『汪』一聲。」

見我哈哈大笑，她眉頭一皺：「你不懂，牠懂。」

耶誕節的時候，我去 Nicole 家作客。

一進門就看到聖誕花環，諾貝松為環，點綴了聖女果、木槿花、薔薇果、女貞、桂皮和松塔。米黃色壁紙，碎花雙人沙發，牆上掛著她這幾年各地旅行的照片。電視櫃旁邊放置著一棵聖誕樹，樹上掛滿了小鈴鐺和彩色燈泡，樹下還有禮物盒和可愛的麋鹿。

「盒子裡我裝了禮物哦，你可以挑一個。還有一個菜，馬上就開飯。」她一邊說著，一邊熟練地繫上圍裙。她做飯的時候，我倚在一旁看著她。淺色家居服，乾淨得沒有一點汙漬。

她嫻熟地切菜、下鍋、翻炒，這面容姣好的女孩在做飯的時候，帶著親切的煙火氣。

有趣不僅僅是幽默，而是那個人的行為總在別人的意料之外，又不離經叛道，有些意外卻又讓人喜歡和好奇。

我欣賞能在生活上，從家具布置到一日三餐都不厭其煩地精緻的人。週末的時候，Nicole 會在家給自己泡上一壺明前西湖龍井，加上初秋的桂花，一口飲盡四季。

工作日午休時會去星巴克喝一杯咖啡，和黑圍裙店員傾訴一下，自己每次做手沖咖啡味道都不一樣的苦惱；會為了一頓像樣的早餐早起半個鐘頭，在熟度剛好的煎蛋上撒上細細的黑胡椒粉。

當大家把生活過成匆忙的流水席，在凌亂的租屋處湊合日子，不走心地糊弄工作，疏於經營每一段交情的時候，Nicole 願意用心去對待每一件小事，努力把生活的每一個瞬間都貼上「美好」這個標籤。

熱愛生活的人，未必天天高喊著正能量，修練著高大上，而是於生活的細微處有那麼一點不一樣。一蔬一飯也能看到英雄夢想，一朝一夕也能發現難得的生活品質。

林徽因是民國時期的美貌才女，在結婚之後，她依舊像一顆鑽石一樣打磨自己，每一面都光彩熠熠。

我在書上讀到，林徽因熱愛運動，會在天氣晴朗時，穿上英姿颯爽的騎馬裝，去郊外騎馬踏青；她愛好寫作，既寫學術性論文，也寫小說散文；她在學校當老師，還嘗試做翻譯；她在家擺弄花草，也愛音樂舞蹈……

她讓自己進入不同的領域，不斷填補每一種自己生活裡還缺失的元素，為自己持續注入新的活力，來支撐她美麗的皮囊。這大概也是她被世人與時光銘記的原因吧。

———

好了，接著說回 Nicole。

她自己雖然可以玩得不亦樂乎，但並沒有讓家人安心，畢竟她還單身。在家裡人三令五申的逼迫下，Nicole 去相親了。可惜那個男孩什麼都好，有房有車有存款，卻偏偏沒能入得了 Nicole 的心，因為 Nicole 深信王小波那句：一輩子很長，要和有趣的人在一起。

曾在網路上看到過一個網友分享的經歷：「我因為工作的事情心情不大好，女朋友跑來問我怎麼了，我當時心煩說了一句，我們男人的事情你們女人不懂……當時聽完這句話，她轉身就走了。我以為她生氣了，剛想安慰她，沒想到這傻女孩從洗手間裡晃晃悠悠地走出來，畫了一臉大鬍子，踮起腳尖，勾住我肩膀，裝作男人說話的樣子說：『嘿，兄弟，你怎麼了？』

對視幾秒後，我們都笑得在地上打滾，之前心裡所有的霧霾都被她驅散了。」

你看，因為有趣的人存在，生活中的小煩惱不僅不會變成大爆炸，還會化為意想不到的情趣。

愛情始於五官，陷於三觀，忠於有趣的靈魂。生活避免不了平淡乏味，滄桑歲月損耗的不僅是容顏，還有激情。

誰都渴望愛情的無限保質期，但這不只取決於對方是否長情，還取決於你有沒有給對方足夠的「愛的材料」，是否有自我更新的能力。愛情呀，才不是一次性丟給對方一本又厚又重的書，逼迫兩個人相看兩不厭，讀到邊角破損，而是不斷撰寫新的篇章，永遠牽動他的好奇心。

顏值高、身材好並不能成為出眾的絕對因素，而「有趣」會成為一個人獨特的自我標籤，使他無論身處何地，都能輕而易舉地讓生活閃閃發光。

一個有趣的人，不一定具備深厚的學識，但他的內心必然是豐富的；他不一定走過很多的路，但生命中必然一直有故事在發生。我們這個世界永遠不缺少各式各樣的人，但唯獨有趣的人最難遇到。

只要長得不差，稍加打扮，就能擁有好看的皮囊。而溫柔有趣的靈魂不僅百裡挑一，更是打扮不來的。所以才說「好看的皮囊千篇一律，有趣的靈魂萬裡挑一」吧。

希望你的「自我」永遠「滋滋」作響，翻騰不休，就像火炭上的一滴糖，與世界發生一場異彩紛呈的相逢。也希望在有生之年，你能幸運地成為別人生命裡的某某。

———

二十幾歲的女孩大多是這樣，大學畢業沒幾年，一個人在外闖蕩。朝九晚五，薪水一般，生活簡單，朋友兩三。吃飯前你會擺好餐盤，下班後買菜又買花，週末報了瑜伽班。

你說你想過不將就的生活，但在好多人眼裡，你一定過得「矯情」極了。

你大概聽過無數「過來人」的嘲笑和教育，他們會告訴你生活艱辛著呢，沒有美貌和才華的人簡直寸步難行，而你這樣的小情調根本毫無意義。

是的，這些無用的小事確實不能帶來什麼即刻的好處，但有溫度的生活，就應該是在每一個當下，都能滿心歡喜地享受並熱愛著。

你或許沒有足夠的錢去周遊世界，但即便是週末帶著自己做好的點心，邀三五個好友去郊外踏青采風，又何嘗不是一種愜意？

你或許無法抽出時間和精力去學習從小就喜歡的小提琴，

可是穿上自己心愛的裙裝，去聽一場音樂會也並不是不可能。

你或許不會騎馬，不會打高爾夫，那麼下班回來的路上順手買一束十塊錢的花擺在家裡，買一盒水彩在單調的花盆上隨性塗鴉，將秋天公園裡的落葉帶回幾片，剪成不同的形狀，等水分蒸發後做成書籤，都是對無趣生活的一種抵抗。

你可能賺得不多，也不夠漂亮，但那又怎樣？人生又不會因此垮掉。還好有像你這樣的人，抱著「生活雖然苦，但是我甜啊」的樂觀，懂得用另一種方式刷出自己的存在感，勇敢地保留對生活的好奇心和對自己的那一點「小講究」。

當有人喜歡把好運交給美貌、把心靈交給雞湯、把愛情交給星座、把人生交給靠爸的時候，希望你能明白，只有你親手焐熱的人生，才真的屬於你自己。在跌倒一萬次後，希望你仍會笑著說「我知道這很令人難過，但這就是人生呀」，然後輕巧自然地爬起來，拍拍花裙上的灰塵，繼續奔跑。

——

生活，生活，活著就該體會到講究生活情趣所帶來的心靈愉悅、放鬆、舒暢和幸福感。

生活會用平淡消磨我們的熱情，做一些無用但喜歡的事，適時地取悅自己，唯有這種情趣能讓你和強悍的現實打個平手。

希望你的每一天都平安喜樂，你遇到的每個愛人都是好人，你不會再受傷再難過再失望，你可以依舊瘋狂自由、肆無忌憚地遠走他鄉去流浪；希望你可以比任何人過得好，至少不能比任何人過得差，你也要相信自己配得上美好的一切。

世間萬物，花是花，草是草，願你有一天也可以憑藉自己的努力向生活擺出喜悅的姿態，願你的血液可以為美好的人、美好的事而流淌。

幸福沒有標準答案，快樂也不是只有一個辦法。自己喜歡的日子，就是最好的日子；自己喜愛的活法，就是最好的活法。

當整個城市陷入漆黑，不管這一天有多難過，都希望你能安安穩穩地鑽進被窩，等待一個明亮的早晨，去遇見這世上更有趣、更可愛的自己。

14
討厭我的人多了，你算老幾？

——

只會討厭沒有意義，
從討厭的人身上
學點東西才有意義

世界那麼大，總有人給你難堪。大部分的時候我們首先選擇無視和忍讓，
但如果對方一再得寸進尺，無底線刺痛別人的時候，
誰都可能成為包著軟柿子的刺蝟。

說說那些我被別人討厭的事。

作為一名十八線小作家，我很少經營打理自己的微博，偶爾會看一下私訊留言，和讀者聊幾句。有天午餐後我登入微博，在私訊裡看到幾條讓我一時難以消化的留言。

「早上心情很不好，看了你的書，心情還是沒有好轉，於是決定來吐槽你出出氣。」

「寫的東西這麼爛，一看就知道你是沒讀過書的人。」

「垃圾，討厭你。」

看名字完全不認識，點進主頁裡也沒有任何印象。當時心裡的第一個念頭是：可能自己的文字真的不夠好吧。第二個念頭是：算了，不回覆了。

於是關掉頁面，自己默默難過了許久。

第二天，這個人又在我的微博下留言：「買了你的書簡直就是浪費錢，還不如去看某某寫的東西，那才是真正值得閱讀的文字。」

當時我也好奇是哪位作者，於是順著線索去搜尋，結果發現她推薦的那位作者只有少量作品，從故事結構到觀點闡述都是網路蒐集而來，實在不知道有什麼可值得推薦的。

但我仍舊沒理她，直接登出。

本以為這件事就這麼過去了，畢竟扎腳的沙子不必太在意。

大概一個月後，這人「賊心不死」沒完沒了地又出現了。私訊留言說：「你為什麼不回覆我，是不是你也覺得自己是個垃圾！」

這一次，我不想忍了。「我不回覆口出惡言的人，在詆毀別人之前，麻煩你想想自己是有多優秀？」

她沒有再回覆我，也就沒有了然後。

世界那麼大，總有人給你難堪。

有朋友說，其實網友的評論根本無須在意。

是的，我可以不在意，但是她有作為一個鍵盤俠的自由，我也有反擊回去的權利。難道要任由她出口傷人，我無動於衷或者繼續忍耐，才能說明我不在意、我心胸開闊？

如果是好的意見和建議，我倒是希望聽到更多，並虛心接受，但你過來噴我，那麼對不起，我可以忍讓一兩次，但不能一直退讓，我不允許自己一直受委屈。

我知道，當每個人的情緒急於尋找出口時，口不擇言是難免的。但是在網路上肆意傷害別人這個辦法，絕對不可取。連你自己都做不到被所有人喜歡，何必去要求別人、怨恨別人呢？

我寫作是因我從小熱愛，直到今天我仍然認為自己有很多不足，可能是天賦所限，可能是我還不夠努力。但至少每一天，我都走在變得更好的路上。你若喜歡，那我不勝歡喜；你若不喜歡，則是你的權利。但你如果無理取鬧，死活不放，別看我長得甜美，但我真的不是一個受氣包。

　　哦，對了，值得一說的是，承蒙這個人的討厭，那本被她貶得一文不值的書後來成了暢銷書。

——

　　被人討厭一次怎麼夠，下面我來講第二件事。

　　如今我越來越不愛發動態並不是因為懶，而是要封鎖的人越來越多。就在昨天我拉黑了大學同學陸理，準確來說我們應該算是互相討厭吧，她認為我的生活做作至極，我討厭她嘰嘰歪歪。

　　例如，端午節我發了一條想念爸爸媽媽的貼文。陸理回覆：在大城市的虛榮感填補不了思鄉之情嗎？

　　例如，和幾個月未見面的閨密約了港式下午茶，聊天、八卦、拍照、發動態，陸理回覆：下午茶是裝文藝的標配。

　　再例如，兒童節我曬出讀者送我的小禮物，附贈小卡片：希望姐姐永遠是被人疼愛的小朋友。她又冒出來：現在網紅部

落客一抓一大把，有幾個粉絲沒什麼稀奇。

必須得承認，我不爽她已經很久了。

最終導致我拉黑她的事，是她已經不甘於在動態下暗地裡吐槽我了，而是直接私訊我，毫不掩飾對我的「看不慣」。

她給我的私訊：「你這張照片濾鏡挺好看的，是怎麼 P 的？」

「朋友用單眼反光相機幫我拍的，光線好吧，沒有 P 圖。」

「你是不是整容了？我記得你以前挺胖的，怎麼現在臉這麼小？鼻子也挺了？」

「念書的時候 60 公斤，現在 49 公斤，減肥堪比整容。」

其實這時候我心裡很明白，在表面你問我答的塑膠友誼下，是按捺不住的互相討厭。

陸理選擇打破這種假和諧。她接著問：「你吃什麼減肥藥瘦下來的？」

「我惜命不敢吃減肥藥，少吃再加上跑跑步就會瘦的。」

結果她回覆我：「你能不能別裝了？照片修圖就是修圖，裝什麼自然美。沒吃藥沒抽脂怎麼可能瘦那麼多，你當我傻子嗎？大家都是老同學了，有必要撒謊裝勵志人設嗎？你越來越讓人討厭了。」

我忍無可忍回覆了她一句：「我有一句『滾出我的朋友圈』不知該不該講。」然後把她拉入黑名單。

半夜裡發的雞湯感言，會被別人評論說「真酸」；說自

己遭遇了不開心想哭一場，便有人說你是在博同情；就連發一張只加濾鏡的自拍，都會有人在底下問是不是磨皮太過了。

這些事或許每個人都遇到過。貼文就是用來記錄和分享的，我來大城市並不是為了虛榮，而是想發現自己身上更多的可能性，我為什麼沒有想家的權利？優雅的下午茶只是見面的形式而已，我也是樓下路邊攤的常客。收到讀者禮物並非是在炫耀，而是這個女孩在失戀的時候，我徹夜開導過她，她以此感謝。

你認為我活得悠閒小資，其實我處處碰壁；你以為我職場順風順水，其實我的企畫剛剛被駁回；你以為我總是輕鬆擁有很多，其實我深夜寫稿眼睛乾澀得以為自己快瞎了。

但這些，我從不和人說。我從不排斥別人對我品頭論足，也允許別人對我的生活方式提出疑問，甚至允許你在背後議論，但別讓我聽見，不然別怪我無情反擊。

說句實在話，討厭我的人多了，你算老幾？

即便我用盡全力，也無法做到讓任何人都滿意。如果你覺得我的生活方式、我做的事讓你不舒服了，那真是不好意思，我並不打算改。我不取悅任何人，我只想盡可能讓自己快樂。因為一輩子很長，如果不開心，那就更長了。

——

想想我們被人討厭或討厭別人，在心裡都會覺得這是一件不太舒服的事。但如果能在討厭的人身上學到些什麼，不讓自己白白煩惱，那總不會覺得太虧。

從生活到職場再到朋友圈，我一直選擇無視，懶得去討厭別人，是因為我不想耗費心力在我討厭的人身上。但我對陸理很感冒，在很長一段時間裡非常討厭她，一想起來就會心情不好，回憶中只要她按讚或者評論過的貼文，我都想刪掉。

後來我也慢慢反省過，身邊的朋友，不懂得界線和分寸的、說話帶刺的、脾氣合不來的，我通常都會自動遠離，就算吃點小虧，也能及時抽身，疏遠開來。而為什麼對曾經要好的她，我會動用到「討厭」這種強烈的情緒呢？

大概是我內心並不想承認，當我脆弱低潮時，我對她的討厭暗藏著我對她順境人生的羨慕，也附帶著對自己無能的憤怒。

注意呀，「她的順境」與「我的無能」畫重點！與其用心良苦地討厭她，不如想想她的哪些性格塑造了她的順境。

她的成績很好，每年都獲得獎學金。當我在期末臨時抱佛腳，泡圖書館到深夜的時候，她已經整理好重點，背好答案了。

畢業那年的國考，她以第一名的成績考進公職，端起了讓同學們都渴望的鐵飯碗。那時候的我正在一遍遍地投履歷。

有一年她生病住院，她的公婆去照顧她直到出院。我想這一定是因為她平時確實發自內心地尊重善待兩位老人。

陸理的女兒很漂亮很可愛，離不開她重視早教，幫女兒買童書和繪本從不心疼，而且再忙也不會點外賣，女兒的飲食她都精心準備。

她曾投資買過一套房子，短短一年時間房價翻倍漲，因為她的投資意識很強，做了很久的功課，去當地考察了很多次。而那時的我，還在合租房子因為水電費和房東爭執。

在我轉變觀點和態度後，我發現了我的黑暗面，挖掘了她的光明面。

當我們在遇到討厭的人時，先不要讓「厭煩」這個壞情緒占據上風，希望我們都能學會自省和思考。或許在那些我們討厭的人身上，有著我們缺少和值得學習的東西。

以他人之優點來修補我們自己身上的缺口，難道不比單純去討厭更有意義嗎？

只會討厭沒有意義，從討厭的人身上學點東西才有意義。

15

想要找一個有錢的男朋友，這有錯嗎？

———

多喝熱水和轉帳給你，
哪個更有用？

你可以「希望男朋友有錢」，這沒有什麼錯，
但「寄望男朋友有錢」這個念頭勸你趁早打消。
想要在感情裡坦然接受兩個人的經濟互動，
最好的選擇還是做各自都很有錢的人。

元旦假期和朋友們一起過的，零點的時候我在動態曬了一張「女朋友們」的照片，引來無數小哥哥按讚。

　　一個男生問我：「照片裡左邊第二個女孩子單身嗎？」

　　我沒理他。

　　第二天，第三天，第四天⋯⋯這個男生每天都會問我幾句關於照片裡那個女孩子的事。我便把這事告訴了那個女孩，女孩倒是大方，「加個好友吧，都是同齡人，交個朋友嘛。」這年代，大家都心知肚明。於是我作為「媒婆」，為他們兩個牽線搭橋，然後，我清靜的生活就此結束了。

　　我像個不定期就會被提審的犯人一樣，回答他們沒完沒了的問題，又要像法官一樣，為他們的雞飛狗跳做裁決。「媒婆」不是什麼美差事，真的不要當，哪怕你是不得已。

　　女孩性格開朗，說話爽快；男孩則性格內向，話不多，但是情緒都掛在臉上，內心戲也是十足的。經過 3 個月的相互了解，女孩覺得兩人並不合適，但男孩並不這樣認為。

　　我問女孩「什麼情況？」，女孩回覆我：「我年紀大了，不好騙了。」

原來，女孩最初是有心和這個看起來各方面還不錯的男孩交往的，也給過男孩表現的機會，但打了幾回交道，發現男孩屬於光說不練型。許諾的時候洋洋灑灑，兌現的時候若無其事；告白的時候深情款款，被拒絕之後橫眉怒目。

　　有一次，女孩感冒在家，男孩打電話約女孩看電影，女孩表示不舒服不想出門，男孩說出來透透氣或許會好一點，女孩答應了。等女孩收拾完後，問男孩到哪裡了，需不需要給他再發一次住址定位，男孩表示自己已經到電影院了。原來，他知道她生病，也沒有打算來接她一起走。

　　上個月有一天，下著暴雨，女孩雖然早早起床，但還是不能按時到公司打卡，自然心情有點焦躁，這時候男孩上來就開了一個不合時宜的玩笑：「又遲到了，會扣錢吧，那你有點慘。」女孩隨即封鎖了男孩。男孩卻不解，為何開個玩笑就要被封鎖。

　　還有一次，女孩胃病復發，自己去醫院打點滴。恰巧男生問她在幹嘛，女孩發了一張掛號單給他，隨即，男孩發來一大堆「養胃指南」連結，並信誓旦旦說：「小笨蛋，以後你和你的胃，都由我來照顧。」「照顧？怎麼照顧呢？」女孩直到離開醫院，也沒有等到男生問一句「在哪家醫院，我現在過去」。

　　就連女孩明示說自己喜愛南方菜系，有家新開的餐廳不

錯，想去嘗嘗，那個男孩也居然只回了句「哦，你喜歡我們就去吃」，便再無下文，後來他們也沒有真的去那家餐廳。

男孩後來發了一條動態：「自古深情留不住。」

看見沒有，人一旦矯情過了頭，真是像極了愛情。但問題是，除了嘴巴，你全身上下哪一點像個癡情的人？現在的女生聰明著呢，不好糊弄的。

世界上最沒用的東西，大概就是「不去兌現的承諾」，它不需要成本，不需要技術，嘴巴一張一合，就炮製出一個泡沫承諾。

這就像你發現還有一個星期就要考試了，然後對自己說，明天我要成為學霸；看到帳戶餘額所剩無幾，說明天我要暴富，都是同樣的道理。這種高喊的口號，到底是為了哄騙別人，還是安撫自己？

有些甜言蜜語戴著熱情的面具，一旦摘掉面具，它就叫「逗你玩玩」。

——

我是在攝影課上認識 Daisy 的。

有天下課，Daisy 招呼我們幾個朋友一起到一家網紅餐廳聚餐。我們也是那天才知道，原來餐廳的主廚就是 Daisy 的男朋友，高高瘦瘦的南方陽光。那天我們是餐廳最後走的客人，當然也是為了陪 Daisy 一起等男朋友下班。她男朋友換下工作服，穿著乾淨的白襯衫、牛仔褲，大方地與我們打招呼，說話風趣，但不油腔滑調。感覺得出，是和 Daisy 一樣看重生活品質的人。

以下，我們就叫他主廚先生吧。

那天大家都喝得微醺，從吐槽客戶如何挑剔，說到海景房的房價又猛漲了多少，再說到「拚命賺錢的意義到底是什麼」這種有點高度的話題。

主廚先生說了一句：「我們每天辛苦工作這八小時，其實是為了這八小時以外的時間能過得更好，那才是生活的樂趣。我努力賺錢的意義沒有多高尚，Daisy 不是喜歡攝影嗎？那我就賺錢支持她，給她買更好的鏡頭和三腳架。」

不知道為什麼，當時一瞬間，我覺得這個大男孩特別可靠、特別可愛。

當然，你可能也會說，主廚先生不也是用嘴說說嗎？我告訴你，還真的不是。Daisy 去年年底辭了工作，準備自己開

一間工作室,而創業基金大半是由主廚先生出的,他打趣說這是投資,是入股。

正是主廚先生的做法,讓我明白了,Daisy這樣獨立自主、看上去難以駕馭的新女性,為什麼能和他相處多年;在他面前,她能卸下所有鎧甲,變得小鳥依人;為什麼她在看著他的時候,眼神始終柔和、堅定、知足,從心底深處漾著歡喜。

主廚先生大概就屬於那種讓人羨慕的「別人家的男朋友」吧。

我從來都不覺得靠得住的愛情和金錢可以分開,我見過連一個手機殼都捨不得幫女朋友買的富二代,也見過自己穿幾十塊錢的舊T恤,替女朋友買一件上萬塊大衣的男孩。

當然我也不是說這年頭追女孩子就必須天天送名牌,頓頓吃大餐,月月出國遊。我只是覺得從消費這件事上,可以看出一個人的生活態度,以及他對你的態度,說得再遠一點,它也直接關係到你們以後會把日子過成什麼樣。

如果一個男生心疼你擠公車,埋怨你不按時吃飯,提醒你早睡早起,囑咐你下班回家注意安全等,請先不要急著感動,急著許下終身。倒是那個雨天開車接你,生病陪你,帶你去嘗試新餐廳,找理由送你小禮物的人,你可以認真考慮一下。

你不能被別人一句好聽的話、一個空洞的承諾就哄得團團轉。等他訂好了餐廳，你再相信他是真的想請你吃飯；等他在你有麻煩的時候出現在你面前，你再相信他是真的關心你；等他在大是大非面前堅定地站在你身邊，你再相信這個人真的是想跟你在一起。

檢驗真心的標準，不是說了多少，而是到底做了什麼。

大家都是幾十公斤的人了，成熟點好嗎？別指望用一把假鑰匙去打開誰的心門，別鬧了，大家都挺忙的。

讀到這裡，估計會有人跳出來批評我在給女孩洗腦，以花錢這種形式來判定感情真摯與否是三觀不正的表現。如果你以為 Daisy 只是一個無所事事、找有錢男朋友的文藝女青年，那你就真的錯了。所以別著急，我還沒說完。

Daisy 在碩士班畢業後，進入一家外企的市場部，月薪 2 萬（人民幣），住在能看到梧桐樹的房子裡，妥妥的上班女強人。攝影、烘焙、繪畫，是她生活的組成部分，她遇見主廚先生並沒有什麼可意外的。

沒有誰依附誰，讓人豔羨的愛情，從來都少不了強強聯手這一項。

你可以「希望男朋友有錢」，這沒有什麼錯，但「寄望男朋友有錢」，這個念頭勸你趁早打消。想要在感情裡坦然接受兩個人的經濟互動，最好的選擇還是做各自都很有錢的人。

———

一定會有人說，沒有錢難道就不談戀愛了嗎？就沒有真感情了嗎？

當然不是，你可以說錢和愛毫無關係。約會的時候吃米其林或者吃麻辣燙，快樂指數以及荷爾蒙的量都很高。但我仍然覺得，哪怕是在跟錢最沒關係的愛裡，有錢也是好的。

回到這篇文章最初的問題，多喝熱水和轉帳給你哪個更管用？

沒有經濟基礎的熱水是涼得很快的，不愛你卻願意為你花錢的傻瓜是不存在的。要知道，小孩子才做選擇，成年人是「我全都要」。我寧願你貪心一點，兩者缺一不可。

而這，並不能影響你成為一個對賺錢絕不馬虎的女人，女人不自己試一試經濟獨立，就永遠不明白經濟獨立有多爽。賺不到高級原料烘焙的麵包，那普通一點的塑膠袋包裝麵包也是一樣香的。

———

還記得一部美劇《漫才梅索太太》嗎？

這部劇以 20 世紀 50 年代的美國為背景，講述讓人看著就心情很好、精緻的話癆小姐姐米琪的故事。她從來不想讓自己的人生出現任何的失誤，不過很可惜，她人生中的第一個大失誤是婚姻。眼看著自己規劃好的人生就這樣轟然倒塌，幸好她沒有被擊垮，被甩後，米琪在機緣巧合下走上脫口秀表演之路。這部劇展現她逐漸獲得精神獨立、找回自我，並殺出一條血路的過程。

這齣戲引發出一個古老而現實的命題：如果一個女人完全依靠另一半而生活，這段感情究竟能夠走多遠？

你懶得去自力更生，懶得去自尊自愛，於是乾脆一歪，全憑運氣靠到誰算誰。生活多殘酷，你怎麼可能永遠躲在另一個人的羽翼下，只索要寵愛呢？

退一萬步說，就算你有灰姑娘的美貌，去參加王子的晚宴，總要有錢先給自己買一雙水晶鞋吧，畢竟灰姑娘的水晶鞋可不是王子準備的。

在我的每一本書中，都不厭其煩地說「女生不要等著被男生養」，其實並不是被養這件事好不好，也不是別人如何看待你的問題，而是「等待被贈予」的心態會耽擱我們的人生。

現實生活中的我是個非常容易頹喪的人，我不可能持續保持元氣滿滿的狀態，時常會有堅持不下去的時候。一個包包、一條裙子、一套做工精良的梳妝檯，甚至是一支書寫流暢的鋼筆，都能讓我覺得哪怕靈感跑光，編輯在催稿，週末要加班，我也有一點點能夠抓得住的前途和希望。

我們生活在一個現實的世界，而這個世界最現實的一條法則就是，沒有一樣東西不需要你付出代價。未來禍福難料，依靠自己的能力得到該得到的，總是會讓人挺起腰板走得瀟灑一點。

我心目中的理想狀態，就是我和我的男朋友都擁有賺錢的能力。我們不糾結這頓飯是誰付帳，不用計較誰這個月花費更多，心平氣和地過想買什麼就買什麼的生活。

想想就覺得太好了，不是嗎？

16

你會在節日裡感到孤獨嗎？

——

願你獨立，
更願你活得熱鬧

每個人都是一個房間，等待久居的住客。
但多數人只是禮貌路過，
並不想推開門走進去，聽聽裡面的故事。

這些字寫於一個很難過的深夜。

有時候覺得自己什麼都不缺，算是被老天庇佑的角色。但有時候又覺得，自己真是孤獨得可憐。我一年又一年、一遍又一遍地和孤獨戰鬥，才坦誠地接受了孤獨，才可以不畏懼地說：「對啊，我的確在深夜痛哭過，可是這沒什麼。」

上週末，我一個人在家吃火鍋。

我酷愛火鍋，身邊的朋友都知道。我一直都說，世界上有90%的煩惱可以靠一頓麻辣火鍋來解決，如果不行，那就吃完再去想辦法。

這次的火鍋料是海潮同學從重慶郵寄來的，肉和菜是我帶著狗狗一起下樓買的。每一次在遭遇俗事敲打、精疲力竭時，我就選擇在味覺裡休憩靈魂，餵飽自己備受冷落的身軀。湯底鮮紅明亮，滲出煙絲繚繞，打撈一片牛肉，酥麻戰慄、潑辣爽快。此刻，吃是一種慰藉；食物是一種補償。

好吧，說得這麼好聽，還是掩飾不了我的孤獨。

不過這樣孤獨的時刻對我來說，還是太多了，多到像菜市場的香菜葉……

譬如，去看喜劇電影，笑點不少，坐在我前排的女孩倚在男朋友的肩膀上笑個不停，而我只是默默看著，不出聲。不是我笑點太高，而是很多東西需要互動，才會有趣。

又像每一次在熱鬧的聚會結束後，大家揮手告別，各自搭

車離開，看著夜色裡漸漸安靜的城市，突然就懂了，什麼叫作狂歡後回到家，孤獨會再次將你打回原形。

比如半夜高燒，從臥室摸索著出來翻藥箱，卻找不出一顆退燒藥，再也沒力氣走回臥室，就近趴在沙發上睡去。

比如儘管孤獨的我並不願承認節日於我們的重要性，但卻註定擺脫不了節日文化帶給人的心理暗示，節日就是象徵著團圓、熱鬧、紀念和不同尋常。

比如趕稿子的時候，經常熬夜，很睏、很焦慮，但不想睡。突然想找人說說話，但不能打給父母，因為我對家裡從來報喜不報憂，即便我真的沒事，爸媽也會因為我的突然來電而多想。通訊錄從前到後翻了幾個來回，嗯，算了，睡覺吧。

比如一個人去醫院掛號，看醫生，做檢查，等結果，下樓排隊拿藥。來看病的人不少，醫院走廊裡很吵，但仍蓋不住消毒水的味道和醫院本身自帶的冰冷磁場。工作的第一年，我去牙科診所拔牙。還沒打麻藥，我的眼淚就開始止不住，醫生和護士安慰說：「別害怕，我們還沒開始呢。」嘴裡塞著酒精棉，我說不清話，只能點點頭。只有我知道，我並不是害怕拔牙，我只是害怕一個人面對。

……

讀到過這樣一段話：「孤獨這兩個字拆開來看，有孩童，有瓜果，有小犬，有蝴蝶，足以撐起一個盛夏傍晚的巷子口，煙火氣人情味十足。但當這些都離你而去時，這就叫孤獨。」

———

一個人生活並不是一種小眾的生活狀態。

前幾天拉了一個朋友到酒吧坐坐，尋得話題下酒。我問她：「我們怎麼越長大越不會喊痛？明明認識的人越來越多，為什麼還是覺得自己像個孤獨症患者？」

她晃了晃手裡的威士忌，搖搖頭：「可能是多說無益吧。」

她在一家影視公司做宣傳，年紀輕輕負擔極重，既要完成工作任務，還要熟諳辦公室政治。

上個季度幾部電影同時上映，她連續加班快兩個月，每天晚上 11 點到家累到不想卸妝，只想倒頭呼呼大睡。發動態文時小小抱怨過一次，收到的評論卻是「你們加班費一定不少吧」「反正你又沒結婚，回家也是自己一個人」「大城市就是累人啊」等。

她看了看這些評論，心裡覺得超沒勁，就刪了那條動態。

「每個人都自顧不暇，哪有人願意花時間和精力去懂你、關心你呢？我想明白這一點後，心裡也就接受了孤獨。」她抬

眼看看我，「你覺得孤獨是什麼？」

「就像此刻，月色不錯，夏意朦朧，我突然好想把所有的不開心全抖出來，不是把你當垃圾桶，只是太久沒有人關心過我了。」

我突然想起，有一年中秋節，下午兩點多我在家迷迷糊糊睡著，醒來已經是六點多。睜開眼看見夜色已悄悄爬上來，空調輕輕地吹著，樓下小孩子玩耍的聲音和商販的吆喝聲混在一起。拿起手機，沒有留言，沒有未接，只有一則簡訊，告訴我這個月的話費餘額僅剩 34.2 元。

孤獨的滋味不好受，是一種身處黑暗拚命伸出手去觸摸光亮，最終卻仍然兩手空空的失望。那個瞬間，我真的感覺整個人孤獨透頂。

生活不容易，吐出來矯情，嚥下去辣喉嚨。百般心累，明明話到嘴邊，又覺得不值一提。每個人都是一個房間，等待久居的住客。但多數人只是禮貌路過，並不想推開門走進去聽聽裡面的故事。

———

《藝術的孤獨》裡說：遭遇孤獨的人，大致都是為了夢想或者愛情奔赴另一個城市生活的人。

一個人去逛超市，一個人去餐廳，一個人去咖啡廳，一個人去看電影，一個人去吃火鍋……這些在年輕人看來習以為常的事情，在網路上列出的孤獨等級表中，被歸類為深度的孤獨。

　　我不會是孤獨患者裡的個例，你也不是。

　　前段時間去另一城市出差，好友珊珊知道後主動提出碰面。

　　「你稍微等我一下，我今天剛剛搬家，簡單收拾完就去找你。」

　　「沒關係，我過去幫你收拾。」

　　這已經是珊珊第三次搬家，好像生活在大城市，搬家是生活中的一部分。這次，珊珊所在的公司遷移了辦公地址，為了縮短路上的距離以節省時間，她不得不又重新找了合租房。

　　我們兩個女生沒什麼力氣，挪動床和沙發都十分吃力，忙了三個小時之後，終於初見成效。珊珊站在窗台上掛窗簾，下來時踩在梯子上的腳一滑，整個人摔了下來。腳踝很快就紅腫了起來，我急忙叫車送她去醫院。醫生包紮好後開了些活血化瘀的藥，叮囑不能用力和飲食忌口。

　　回到家已經是晚上 9 點。

珊珊嘗試自己走路去拿水杯，看到她腳踝痛得掉下眼淚，卻哭不出聲，突然讓我明白，一個女生無論表面佯裝得多強大多無所畏懼，但其實還是會被生活中突如其來的刁難亂了陣腳。

　　我們雖然一路跌跌撞撞，攜手前行不斷強大，但女生獨有的脆弱和細膩，還是會讓我們體會到真實的無助，比如此時此刻。

　　「本來想和你小聚的，結果變成你幫我收拾屋子，還要照顧受傷的我。」

　　「今天是恰巧我在，以後這種事叫朋友或者同事來幫忙吧。」

　　珊珊嘆了口氣，她說，表姐每天要接大女兒放學，然後送孩子去舞蹈班；閨密下班後參加了一個英文班，下課後到家已經晚上十點多了；同事張哥週末要帶兒子去學繪畫、鋼琴；朋友小七剛剛換了工作，為了證明自己，沒日沒夜地加班衝業績。

　　最後她說：「大家都很忙。」

　　珊珊的話讓我想起自己前段時間心情一度不好，一個人在家的時候總是會覺得莫名煩躁，想要找個人出去吃火鍋，打電話問了一圈，結果發現大家好像都因為各種各樣的事情，難以赴約。那時候我才驚覺，原來大家都那麼忙，沒有一個人是

待在原地等著別人召喚的。

　　所以，我能理解珊珊逞強一個人搬家的心情，比起希望被人疼，大概更希望自己能越來越強大，有照顧好自己的能力。

　　這些細碎的凡間俗事，每個人都在面對。不要強行挽留誰作為你的觀眾，不需要某些眼睛刻意承接你的一舉一動，也就無所謂期待與失落。畢竟長大後，我們從群居的魚群中出來，一個人游向大海了。

———

　　還記得之前一夜之間爆紅的旅遊青蛙遊戲嗎？

　　當時，網路的動態上，從曬美食美景、曬自拍、秀恩愛的人，畫風突變為：我的蛙只帶了一只碗出門，好擔心；怎麼回來就看書呢，快點休息一會兒呀；三葉草長得好慢啊，什麼時候才能給我家小動物買幸運鈴；你又在給誰寫信呢；我的蛙在森林裡搭了帳篷，好厲害……

　　以往都是升級打怪或冒險類的遊戲更受歡迎，這款遊戲完全不同，沒有太多場景頁面，沒有互動，只有一隻被你取了名字的青蛙，吃吃東西，看看書，寫信，削木頭，然後旅行。你唯一能做的，只是收割庭院裡的三葉草，幫牠準備行李。你不能陪牠出去旅行，不能決定要去的目的地，也不能控制牠回

來的時間。你甚至不會在遊戲介面停留太久，因為牠一旦出去旅行就杳無音訊，只有不定時發來一張明信片。

我一位朋友說，她覺得這款遊戲最有趣的部分，在於你賦予牠的想像。

比如，牠帶的麵包夠吃嗎？去太遠的地方會不會餓著啊？兩天沒回來是不是去了很好玩的地方？牠會遇到危險嗎？會迷路嗎？什麼時候能交到新的朋友呢？忘記給牠帶帳篷了，會不會淋雨等等。

遊戲是虛擬的，那隻青蛙頂多算是電子寵物。但每一次關掉頁面後，我們心裡總是莫名地牽掛著，因為即便這些都是假的，可是我們付出的感情是真的。

現在的年輕人太孤單了，因為我們在這個急速發展的時代裡，太久沒有慢下來，太久不敢將感情投入在誰身上。

我們樂於養一隻虛擬青蛙，和我們吃飯、坐地鐵、等公車的時候打開直播、各種動態的對話是一樣的，我們想要的，不過是有人陪著自己。

我們太孤單了，七情六慾、喜怒哀樂，都希望有人可以分享。

———

《幸福綠皮書》是我時常推薦給朋友的一部電影。

與慣常探討種族問題的電影不一樣，它沒有嚴肅乏味的討論，反而翻轉了以往這一類型電影兩位主角的身分設定。黑人主角的優雅高貴，與白人主角的粗鄙平凡，形成了一種更有趣的對比。

唐納有天賦、有名氣、有財富，住在卡內基音樂廳樓上的公寓裡，是受人追捧的殿堂級鋼琴演奏家，卻活得異常孤獨。而東尼說話粗魯、行為暴力，常常為生計發愁，靠著在夜總會做保鏢和跟人比拚「誰漢堡吃得更多」聊以生活，卻對家庭異常負責。

原本是兩個八竿子打不著的人，因為唐納要到「種族歧視」嚴重的美國南部巡演，需要有人當司機並保護自己的安全，經由別人介紹，找到了東尼，從此有了交集。從最初的互看不順眼，到最後唐納主動到東尼家一起過耶誕節，在整體溫情有趣的氣氛下，仍然不難感受到電影裡時不時拋出的孤獨感。這種孤獨感來自唐納。

他們到當地演出，唐納只能住廉價的黑人旅店，司機和樂團其他兩個人都比他住得好；唐納的兩位白人同事在樓下和白人女性調情暢談，而他只能在樓上獨自喝著威士忌；唐納在

受邀的白人家裡演奏，卻不可以使用廁所，只好驅車回自己住的酒店解決，再返回接著演奏；在酒店表演，卻不被允許在酒店的餐廳用餐，只能到附近黑人專用的小餐館將就，甚至酒店為其準備的更衣室，都僅僅是簡陋的雜物間；住在黑人旅館，面對黑人同胞一起玩遊戲的邀請時，唐納非常侷促不安；去白人酒吧消磨時間，卻又遭到白人的欺凌暴打……

唐納是孤獨的，他的孤獨在於他既不能融入黑人同胞的生活，也不能與白人族群和平相處。

這些是當時社會環境給唐納造成的孤獨，在他身上還有另一層孤獨，就是他自己。

唐納是個非常精緻考究的人，人前永遠衣著得體，走路氣宇軒昂，他堅守著上層社會的重重標準，也同樣要求身邊的人。比如，面對歧視他的人，唐納依然保持禮貌；比如，當東尼在停車場偷了一塊小石頭時，他堅持要他還回去；比如，他看不慣東尼給家中妻子簡單粗暴式的寫信，便替他代筆，文情並茂；再比如，他不能理解東尼直接用手拿起炸雞塞進嘴裡的行為。他認為這些都是粗俗不體面的。

講究精緻原本沒有錯，但精緻意味著很多的「不允許」、「不能做」。這樣會強加給自己各種各樣的標準，捆綁住自己，而且會拒絕很多讓自己快樂的機會，把自己鎖在一個名叫「得體」的城堡裡。

城堡很美，但冰冷又孤寂。

———

影片裡讓我印象最深的有兩個片段。

一是東尼叫唐納用手拿炸雞，唐納一開始當然是拒絕的，但是在東尼的堅持下，還是勉強接過炸雞，但沒有刀叉和餐盤讓他有點不知所措；翹著蘭花指咬下第一口，後來卻是越吃越開心，還學東尼把雞骨頭扔出車窗外。

野蠻嗎？有一點。不禮貌嗎？也有一點。

第二個片段是，唐納在巡演的最後一場演出之後，和東尼一起來到一家黑人酒吧。裡面的樂隊或許不夠專業，鋼琴也不是唐納指定的那一台，但在這間小小的黑人酒吧裡，唐納的即興表演讓他獲得了前所未有的釋放感，這更像是一種融入集體的幸福。

爽嗎？真的爽。開心嗎？也是真的開心。

我一直鼓勵別人要獨立，要活出自我，可是獨立和自我並不代表你不需要陪伴，不需要親密，不需要感知身邊的一切，不需要面對自己的脆弱。過度享受孤獨，或許恰恰是因為內心對陪伴的極度渴望而不得。過分的獨立，其實也是不懂愛。

人的一生有兩件事是需要學習的，一個是獨立自主的能力，一個是與世界發生聯結的勇氣。

《幸福綠皮書》不僅詮釋了孤獨，同時還給出孤獨的解藥，就是：人之所以孤獨，是因為不敢邁出第一步。

———

　　我在書上看到的一段話想分享給你們：「我們之所以渴望擁有某些關係，不僅是為了獲得感情上的交流和聯結，也是在為自己的人生尋找某些可以抓牢和握住的著力點。這些關係就像一道道絲線，編織成了一張聯結的身分之網，裹住了我們，讓我們在茫然的虛無深淵上空可以安然地生活。」

　　希望我們能夠獨立，也不忘尋找同伴。希望我們不被苦難輕易打倒，也同樣會示弱和求助。希望我們能夠保有賺錢的能力，也能夠安心享受被照顧的幸福。

　　當我們能向別人敞開自己內心深處的柔軟，相信對方也相信自己時，才能夠建立起關於愛的聯結，讓自己內心充滿活力，情感豐富而不再孤獨無助。

　　這一路我們摸爬滾打，虔誠修行，是為了得到內心的成長、蛻變，從而變得充盈、有愛、謙和，而不是孤傲得難以接近。

有一年中秋節，下午兩點多我在家迷迷糊糊睡著，
醒來已經是六點多。
睜開眼看見夜色悄悄爬上來，空調輕輕地吹著，
樓下小孩子玩耍的聲音和商販的吆喝聲混在一起。
拿起手機，沒有留言，沒有未接，
只有一則簡訊，告訴我這個月的話費餘額僅剩 34.2 元。

儘管孤獨的我並不願承認節日於我們而言的重要性，
但卻註定擺脫不了節日文化帶給人的心理暗示。
節日就是象徵著團圓、熱鬧、紀念和不同尋常。

17

你有沒有把垃圾情緒丟給身邊人的壞習慣？

———

別讓親近的人
背你壞情緒的「黑鍋」

人間從來不是樂土，各人有各人的苦。
在這個世界上，除了你自己，
沒有人有義務讓你高興，沒有人能代替你痛苦，
更沒有人有足夠的時間和精力來指導、督促你怎樣成長。

誰惹你生氣，你就去找誰。
愛你的人不該背你壞情緒的「黑鍋」。

最近翻老照片，想起了一些事。

我念高三的時候，有次模擬考試成績很糟糕，被老師叫到辦公室狠批一頓。悶悶不樂地回到家後，背政治論述題又死活記不住。這時候我媽媽推開門進來，問我要不要吃點水果，還說晚飯做了我喜歡的排骨湯。

似乎在那一刻，我終於找到情緒宣洩的出口，衝著她大聲喊道：「我在寫作業，被你一吵什麼都忘了。想吃水果我會自己拿，我又不是沒有手，沒看到我在寫作業嗎？你能不能不要每天都這麼煩人？整天問這問那，難道我沒有手不會自己拿嗎？」

媽媽愣了一下，輕輕地關上門出去。我媽有什麼錯？她莫名其妙地成了我的出氣筒。

我剛剛工作那年，有次因為沒有發現合約上的一處錯誤，被主管當著整個部門同事的面數落，我心情失落極了，覺得又懊惱又丟臉。

第二天週六，我去公司加班一天。這口氣憋在心裡實在難受。本來說好了，那天晚上男朋友來接我下班，和朋友一起去吃燒烤。偏偏他那天因為別的事情耽誤了，問我能不能自己搭車到燒烤店。我突然就爆發了，在電話裡狂吼：「不來接我為什麼不早說？現在下著雨，我根本叫不到車，我不去了，祝你們吃得開心。」

男朋友在電話裡半天沒聲音，我狠狠掛了電話。男朋友有什麼錯？是我急需找人當受氣包。

獨居的第一年，我經常料理不好自己的生活。有次因為預約來修水管的師傅爽約，導致家裡兩天沒有自來水，正常生活受到了影響。我頂著已經出油的頭髮，在發愁去哪裡漱洗一下的時候，閨密打電話來：「天氣好，出來玩啊。燒烤配小啤酒怎麼樣？」我不知道哪根筋不對了，陰陽怪氣地回她：「我今天要加班，家裡很亂也還沒收拾，你倒是很閒，你去玩吧。」

閨密弱弱地說：「好，那你先忙。」閨密有什麼錯？我才是那個糟糕的朋友吧。

或許這三個故事看起來沒什麼特別，因為我想不是只有我這樣，很多人都會把最壞的情緒發洩給對自己最好、最親近的人身上。好在現在對媽媽和朋友還可以彌補，而那個男朋友，已經在去年成了別人的新郎。

如果可以重來，我寧願跑到大街上對著空氣，把這輩子學到的髒話都罵一遍，被人當成神經病，也不願給親人或戀人一分一毫的傷害。

誰惹你生氣，你就去找誰。愛你的人不該背你壞情緒的「黑鍋」。

———

不知道你們有沒有遇到過，承接朋友失落情緒這種事。

我有一個朋友，前些日子失戀了，整個人精神狀態不太好。我們認識十幾年了，可能我是唯一能讓她不顧面子，坦然訴說傷心的人選吧。

於是那段時間，我每天睡前最後的簡訊留言，每天早起的第一個留言，都是她的很多條 60 秒的語音。常常我都準備睡覺了，但又聽到訊息提示聲，擔心她收不到回應會更加胡思亂想，於是轉身拿起手機，繼續安慰她。

工作日的白天，我們都不方便聽語音，她就會打大段大段的字。我忙完手頭的工作，就趕快回覆她，儼然安撫她的情緒成了我的兼職差事。

那段時間我每天都要聽她吐槽這個，痛罵那個，抱怨工作，譴責他人，字裡行間她的情緒無處可藏。

熬了這麼多年的勵志雞湯，我自認為在安撫他人這件事上，還算有點本事。但這一次我發現並不是這樣，寥寥幾句安慰的話隨口就說，對自己並沒有影響，但長時間接收負面情緒，就像細菌一樣蔓延感染到了自己的身上。我也開始失眠，開始喪氣，開始思考我的人生是不是也有很多紕漏，我所在的職場是不是也是明爭暗鬥而我全然不知。負面情緒終究不像指

揮樂團，指揮家甩一下指揮棒就能讓一切憂鬱和難過靜止。

有一天我頭痛難忍，下班匆匆回到家，吃了藥準備漱洗後休息。

這時候我的這個朋友發來一條訊息，手上沾著泡沫的我伸手去拿手機，一滑，手機掉進滿是水的浴缸裡，我看著手機在水裡黑屏關機，沉到底部。

那一刻，我一點都沒有擔心手機，而是覺得解脫，覺得清靜，好像自己終於逃離了一張網。

不管是交情很深的朋友，還是親密的戀人，沒人能受得了長期擔任你的情緒垃圾桶。

我曾經寫過，願有人能在你哭泣時，輕輕地坐在你身邊，收拾好你七零八落的情緒，溫柔地接住你的疲憊。但這並不意味著，你可以不顧及對方的感受，把情緒壓力轉移給對方。沒有人是容易的。

難過、喪氣，都是非常私人化且容易傳染的情緒。如果總是試圖將負面情緒轉移給親近的人，那無疑是在替這段關係縮短壽命。

因為這件事，我開始低頭審視自己有沒有做過類似的事。

有，當然有。只是我更早明白，每個人都有自己的業障，每個人都有自己要蹚過去的河，別人再法力通天，也沒辦法代

替你。

　　現在的我，更想把 99% 的苦都解決掉，留下 1% 的甜，在恰到好處的時刻，和人說一說。

———

　　人生在世，誰沒有很沮喪的時刻？

　　一個人吃飯，去買了杯可樂，再回來時發現沒吃完的餐盤已被收走；一群人同行，蹲下繫鞋帶，再抬起頭看見越來越遠的背影；冰淇淋一口都沒吃，就被旁邊的人撞在了地上；付款時，手機介面顯示餘額不足；今天遇到很開心的事，但並沒有人分享；自己去看一場電影，坐下後才發現眼鏡忘了帶……

　　我們讀了那麼多書，內心卻脆弱得不堪一擊。我們瘋狂地依賴正能量和心靈雞湯，但一覺醒來，依然是頹喪的自己。我們都知道要堅強勇敢闖世界，但經常被旁人的一句話就激碎了玻璃心。

　　我們每個人都好像很容易就陷入自己帶來的情緒起伏裡，隨著情緒的起伏而大起大落。

　　像是到了一個陌生的新環境，新的城市，新的團隊，新的生活，巨大的不安感使我們語無倫次，想要開口說話，卻已經忘了要說什麼。不知道如何表達，如何講述，努力笑得嘴角都僵硬了，不過是為了掩飾自己情緒上的不安。然後不敢去社

交，不敢去認識新朋友，自己陷入沮喪中無法自拔，甚至連眼前的事情都做不好。

又或者失戀之後，大哭大笑，暴飲暴食，然後生活沒有了規律，人生沒有了方向，忘記自己從哪裡來，要往哪裡去，正在以什麼方式努力奮鬥。

有時候，生活就像是乘坐情緒的雲霄飛車，情緒來的時候好似黑雲壓頂。

情緒失控，生活也跟著失控。我們高興、難過、欣喜、失望，也曾一蹶不振，好像在那個自己給自己框住的小範圍內打轉，怎麼也走不出來。

人不能活成一團情緒。當你情緒低到冰點時，哭其實是不能發洩情緒、不能治癒傷口的。你會發現，在痛哭流涕裡，你丟失了在愛裡的自己。當你的情緒處於低潮時，對任何事情都提不起興趣時，要學會轉移注意力。

有些事情既然不如所願，就嘗試著去接受、去面對。

一個人不可能改變世界，世界也不會因你而改變，若身邊無法馬上出現一個能懂你哄你的人，那你所能做的，就是適應世界，不鑽牛角尖。

無論情況有多糟糕，生活給了你多少坎坷，愛情給了你多少磨難，你都該努力去支配自己的環境，把自己從黑暗中拯救出來。

有時候真的覺得生活苦得快熬不下去了，只想抱頭痛哭一場。可是，你手頭上的工作還沒做完，你預設的目標還沒有實現。銷售業績不會因為你鬧了情緒就直線上升，客戶也不會因為你抱怨了就降低要求。而你捫心自問，你真的要帶著哭紅的雙眼去遇見下一段愛情嗎？真的要帶著一堆未完成的工作去見你的老闆嗎？

真正一點就炸的「火藥桶」，往往是那些最弱的人。他們需要一個出口，來排解積壓的情緒；他們需要一個藉口，來撫慰潛藏的憤恨不滿。往往這些發脾氣的人，親自證明了他們的智慧，不足以解決所面臨的問題。

有人問一個作家：「您怎麼看待網路暴力？」

作家說：「不會很介意，畢竟都是些戾氣無處宣洩，又不知道如何與世界相處的可憐人。」

沮喪太容易了，頂著一切苦依舊熱愛生活才是真的酷！

——

當你被自己糟糕的情緒所控制，時間並不會為你停止。

你的動態裡都是大學同學買房了，高中同學在塞班島曬太陽，鄰居那位新婚姐姐曬了老公幫她做的愛心早餐，你以前不喜歡的一個女生找到帥氣又多金的男朋友。在種種對比之下，

你可能會感慨自己活得太差勁。朋友們都過得很好，而自己沒錢、沒房、沒愛人，甚至連出去旅遊的時間都沒有，過得真失敗。

可是請好好想一想，究竟是別人真的那麼強大，強大到能讓你鄙視自己，還是因為你自己本身還不夠強大，所以才被人輕易影響？很顯然，答案是後者。

那些如同神一樣的人，那些看起來總是贏得毫不費勁的人，都在你看不見的地方付出很多努力，他們已經學會了不抱怨，把抱怨的時間用來做該做的事。

在你被他們的光芒吸引的時候，卻不會看到他們熬夜的倦容。他們身上有光，是因為他們也默默扛下了黑暗。

越長大越覺得世界真是太薄情，讓人體會到慢慢消失的依賴感和漸漸遊走的溫暖。失戀、失業、失去，每一件都是可以擊中你的武器，每一支都是能刺穿你的利箭，然後你感到悲傷洶湧而至，無以復加。但翻遍整個世界，發現好像只有自己能治癒自己。

這個時代很焦慮，也很浮躁，外界對個人的影響也很大，很多人過著讓你眼紅到嫉妒的生活，別人無心的一句話能讓你難過很久，生活中隨隨便便發生的一件事都有可能讓你掉下眼淚。你會失落、失望，覺得自己不如別人，這些都很正常。

如果你喜歡這麼不堪一擊，任意就能被人影響情緒，那

誰又能救得了你呢？希望你早一點明白，你快樂了，世界才能太平；你變得平靜、寬容、豁達，無論學識如何，就已經擁有了超越大多數人的心性。

———

　　人間從來不是樂土，各人有各人的苦。

　　那些倒苦水換來的些許安慰，不會讓事情本身有任何改善，或許還會把更多也跟生活苦苦纏鬥的人拖進更深的水裡。沉浸在糟糕狀態裡遲遲不願結束，你是嫌虐自己不夠，還是想繼續把情緒傳染給別人？

　　能控制好自己的情緒，同時也讓自己的情緒影響自己的行為，是一種能力，更是一種素質。

　　人的一生需要擁有多種素質，其中很重要的一點就是情緒穩定。

　　永遠不要把眼淚當成逃避的手段，可以哭，大聲哭、使勁哭，哭完明天還要繼續做人，情緒釋放完後，別忘了繼續站起來戰鬥。

　　希望你永遠有著溫柔且勇敢的內涵，抵得住翻江倒海而來的情緒，在「情緒管理」的這張考卷上，奪得自己滿意的分數。

18

拒絕別人的時候，你會感到愧疚嗎？

——

別人對你的尊重，
從來不是因為你的順從

有的時候對別人說「不」，並沒有什麼關係，
因為不讓別人給我們增添負擔是合情合理的。

某些會耽誤自己事情的求助，我們應考慮一下幫忙的後果。
用恰當的語言，表明你的原則不容越線；
用恰當的方式，讓對方知道該適可而止。

臉臉是我的鄰居，因為她廚藝甚佳，我常常去蹭飯，便和她熱絡起來。

　　每天早上我都比臉臉要早半個小時出門。有一天在電梯裡碰見她，一問才知道，她的一位同事住在隔壁社區，兩人上班順路，所以臉臉要調整時間，提前出門去接同事。她明顯有些不情願。

　　臉臉和那個同事不是同一個部門，平時交集不多，更談不上什麼交情。上個月某天早上，臉臉在路口碰見這位同事叫不到車，便搖下車窗問了句：「我載你過去？」

　　同事上車之後連連道謝，說自己正在因為起床晚了而懊惱，上班尖峰的車又特別難叫，說臉臉是她的幸運女神。「以後我們一起走吧，我可以幫你帶早餐。」臉臉有點不情願，但又不好意思打斷同事的話，只好不出聲也不點頭，繼續開車。畢竟對於成年人來說，沉默已經是一種拒絕了。

　　沒想到的是，之後的每天早上，這位同事都在臉臉開車的必經路口等她，老遠看見車子過來就對著她招手，稍微晚來幾分鐘，就是簡訊語音、電話的連環轟炸。

　　臉臉有些不開心，早上尖峰雖然壅塞，但自己一個人在車裡，聽聽音樂和廣播，也算是工作前給自己的緩衝時間。自從帶了同事，每天早上的獨處時光變成尷尬的閒聊。她嘗試過很多種委婉的推託辦法，比如說自己早上要先去一趟超市買蔬菜

沙拉，或者要幫哥哥送小侄女去幼稚園等，但她得到的回應卻是，「那我也跟你一起去送小朋友上學吧」，或者「蔬菜沙拉我也喜歡，我也去買一份好了」。

「為什麼不直接說你更習慣一個人出門，不想被長期打擾呢？」我問臉臉。

「怎麼說都是一起共事的人，拒絕她總是有些不好意思。」臉臉撇撇嘴。

有太多人情的煩惱並不來自拒絕本身，而是明明不願意付出，又不想要承擔拒絕的代價，所以才總將希望寄託在對方身上，希望對方能夠領情且知趣。

不管我們到了什麼年紀，天生對人際關係的不安全感還是會存在，生怕拒絕別人就會被割席，被拋棄，被討厭。於是能否滿足別人的需求，似乎成了我們能否被喜歡的指標，為了這個指標，就算我們委屈到千瘡百孔也在所不惜。

——

兩個月後的一天，臉臉生病請假後沒有早起，吃了感冒藥準備繼續睡。剛剛有了睏意，就被同事電話吵醒：「你到哪裡了？今天有些晚哦。」

臉臉一想，不如索性攤牌好了，說：「我今天請了病假，

而且以後我們也不要一起走了。平時還是各走各的，如果哪天有急事再打電話給我。」同事在電話那頭愣了幾秒，便掛斷電話。

我們總是害怕在拒絕後就失去這個朋友，但其實有時候對別人說「不」，並沒有什麼關係，因為不讓別人給我們增添負擔是合情合理的。

某些會耽誤自己事情的求助，我們應考慮一下幫忙的後果。用恰當的語言，表明你的原則不容越線；用恰當的方式，讓對方知道該適可而止。

讓臉臉沒想到的是，第二天去了公司，大家看她的眼神都怪怪的。

午餐的時候，臉臉的助理說，那位同事昨天一早到了公司便顯得很委屈，說臉臉不近人情，順路都不願意載她，她每天都幫臉臉帶早餐，並沒有白搭便車等。

「公司的人不理解你，那你有沒有後悔拒絕同事？」

「沒有，我反而慶幸自己說出了口。她坐了我兩個月的順風車，因為我的拒絕就到處賣慘，這樣的人還是早早遠離的好。」

你看，即使你勉強去按別人的意願行事，也未必能獲得他的喜歡和尊重，有時候換來的反而是得寸進尺，甚至是翻白眼。被你拒絕的人有權利不感恩戴德，而你之所以拒絕，也因為不是非要成為對方口中的「好人」。

也有人說：人情本就是相互虧欠，才能夠彼此掛念，有時候我也不是自己不能做而一定要麻煩你，只不過是想借某件小事來讓你想起我。

但是，生活中大多惱人的麻煩，並不是來自與我們關係親密的人，而是不太相干的人不請自來地麻煩你。例如「等一下回來路過燒臘店順便幫我買便當吧」、「想要出門玩幾天，幫我餵一週寵物吧」、「今天被主管批評了，心情好差，出來陪我喝酒吧」，或者「下午我想早點走，你幫我做一下表格吧」、「明天的例會我不去了，幫我簽到」，等等。

順便、幫忙、拜託，這些詞從他們口中輕輕鬆鬆地說出，好像內心的潛台詞是「反正也不是難事，你不會忍心拒絕我吧」。

你有沒有發現，在心不甘情不願地幫了對方之後，也很難獲得那種「送人玫瑰，手有餘香」的滿足，反而心裡悶悶不樂。

———

有一次，我下班後和表妹約吃飯，她說她正在加班，我只好在餐廳打包幾個她愛吃的菜，去公司找她。

我看見她孤零零地坐在角落裡加班做 PPT。她支支吾吾地說，是幫大家的忙。一見到我，她心裡的苦悶好像一下找到了出口。苦什麼呢？

比如，工作一天感到疲憊，本想下班後癱在沙發上看部喜歡的電影，一起實習的同事卻邀她逛街。因為是同一梯的實習夥伴，不好意思拒絕，她只好拖著痠痛的腿去赴約。於是用一次心不在焉的購物兌換了看電影的樂趣。

比如，好不容易到了週末，本想自駕去周邊城市度假。一起做合作項目的同事用各種各樣看似無法拒絕的理由，把任務都推到你身上，說法是「幫我一個小忙好嗎」。這一個小忙花去了她大半天的時間，她抬頭看看時間已是下午，哪兒都去不成了。

為什麼說「不」這麼難？

或許是為了取悅別人，或許只是想多一事不如少一事，既然對方沒有對自己造成太大的傷害，就算了。但你要知道，別人浪費你的時間，都是經過你允許的。

你選擇一個什麼樣的人相伴，與什麼樣的人為伍，就選擇了什麼樣的生活方式。不懂拒絕，就是變相任由別人一次次打亂你的生活。只有學會拒絕，才能放過自己。

對需要幫助的人，我們應當永保熱忱和愛心。但並不是苛求自己不斷滿足別人的需求，而忽略自身的內在想法，讓自己活在逼死自己的節奏裡。

———

聊到拒絕，我還想說說關於愛情裡拒絕曖昧這件事。

朋友羅伊單身 32 年，上週介紹男朋友一位，叫一眾好友週末去她家小聚。

她男朋友在廚房忙著準備晚飯時，手機剛好響了。他一邊翻炒著剛下鍋的菜，一邊叫羅伊：「你幫我接一下電話，就說是我女朋友，問問是誰。」她男朋友說這話的時候，語氣自然，沒有半點猶豫。

直男們常常覺得，女生的安全感來自房地產，但其實那種被偏愛、被堅定選擇，並願意為她拒絕一切的安心感，才是最重要的。

羅伊的前任就沒有給她這樣的安心感。

起初兩人是很甜蜜，戀愛必備道具，鮮花、氣球、燭光晚餐樣樣不缺。

　　漸漸地，羅伊發現前任總是背著自己去陽台打電話，一聊就是半個鐘頭，男友解釋說是談工作。到了週末，偶爾還會關機玩消失，前任的解釋是不小心按了關機鍵，自己也不知道。半夜偶有女生發來語音視頻，前任說是一起打遊戲的，邀他組隊打戰隊賽。

　　比起任性和無理取鬧，女生更擅長敏感。她們既能輕易被你對她的好感動，也能輕易地察覺到你對她態度的反常。

　　至於那種博愛的情感，我們無法認定是善良周到，還是到處撒網，在複雜的心意中辨別一份獨屬於自己的愛太費神了。

　　女生對於愛情是貪心的，就只想要百分之百的愛，問心無愧的愛，穿過了大雨傾盆、義無反顧奔向自己的愛。

　　晚餐後，羅伊的男朋友下樓買水果給我們吃。聊到剛剛接電話的事，閨密們紛紛表示給羅伊現任加分。

　　羅伊說，她從前以為男生是不懂女生的，如果自己要求得多了，擔心會被當成無理取鬧。但遇見現在這個男朋友後才知道，其實男生真的什麼都知道，知道怎麼才能讓你安心和開心，問題在於他想不想去做。

　　在確定關係的第一天，現任就將合照發在了朋友圈，還認真地在簽名裡寫了一句：我的女朋友，羅伊。朋友聚會也會

帶著羅伊一起，介紹給大家認識。她男朋友會彈吉他，空閒時會錄歌放在抖音上。有女孩留言要微信，他都會回覆：我女朋友很可愛，我給你她的微信吧。

都是成年人了，面對別人拋出的曖昧時，說絲毫察覺不到真的太假了。

花花世界誘惑叢生，姐姐妹妹又嗲又正。具有招蜂引蝶體質本身並沒有錯，或許還能證明自身魅力無限，但面對那些花花草草，以一個怎樣的態度去面對和處理才是最重要的。

有人把尋找愛情比喻在沙灘上撿貝殼，有的人不僅喜歡這個也喜歡那個，甚至還想擁有整片沙灘；有的人不撿最大的，也不撿最好看的，而是撿到最喜歡的以後，便再也不去沙灘了。

在愛裡面，我們需要的不是「我愛你」，而是「我只愛你」，只有這份偏愛才會讓人感到安心。

只有足夠愛時，才願意為一個人定心。也只有足夠愛時，才願意為了對方拒絕一切曖昧。

世界上有那麼多美好的肉體和靈魂，有好感和傾慕是正常的，但絕不能越界。好感和傾慕不是愛，而你愛的人，只能是我。

在這個速食愛情的年代，從不缺花心的人，只缺專一的心。變心是本能，忠誠是選擇。懂得拒絕的男人，加一萬分。

———

有一次我的一位大學同學來這邊出差，打電話問我是否方便來我家留宿兩天。我是獨居，家裡剛好有一間空房，於是爽快地答應了。

沒想到，當天她來時還帶了一個女孩。她私下對我說，女孩是她從小一起長大的朋友，得知她來這裡想一起住。我想了一下，覺得家裡人多會影響彼此休息，於是告訴她，由於我長期自己住，沒有準備多餘的枕頭和被子，恐怕她們不能在我家住了。「在離我家不遠的地方，有個 CP 值很高的酒店，我已經幫你們預訂了。我可以送你們過去。」

同學雖面露尷尬，但也就順水推舟地答應了。

如果自己的理由正當，不要害怕拒絕他人。理解自己不拒絕的理由，也敢於承擔拒絕的代價，是一種強大和成熟。

當一個成年人開口提出要求的時候，他的心裡根本預備好了兩種答案。所以，給他任何一個其中的答案，都是意料中的。接受和忍受被拒絕，是每個成年人應該具備的基本心理素質。

他人對你的尊重，從來不是因為你的順從。

相反地，懂得拒絕才能讓別人看到你的原則和底線，也才能讓你從人情世故中得到解脫。

有些人不敢拒絕他人，而有些人卻是不會拒絕他人。拒絕他人需要一定的技巧，有時利用簡單直接的方式讓對方死心，而有時採用婉拒的方法會使對方好受一些。

拒絕雖然會讓人失望，但婉拒卻將失望降到了最低的限度。它既沒有讓他人覺得很不舒服，也能夠讓對方理解你的不得已。在你確實是不便幫忙時，直接拒絕是最有效、最正確的方式。

我很喜歡前段時間看到的一段關於蔡康永的採訪，他說：「其實我是鼓勵大家做一個比較冷淡的人，我不認為過於溫暖是一個和別人維持良好關係的立場，如果被溫暖兩個字給綁住，就更吃力了。」

當然，冷淡也不是冷漠，只是充分給自己說「不」的權利。讓別人知道你的界線在哪裡，才能換來真實的、將心比心的關係。

香港西貢三星灣泳灘，沙子細軟，水天湛藍。
隨意坐下，看陪小孩子堆城堡的年輕媽媽，
看等待主人浮潛回來的狗狗，看海邊熱吻的西班牙情侶，
直到太陽晃得我睜不開眼。
沒關係，閉著眼繼續聞炭烤生蠔的味道。

能有效抑制沮喪的，恰恰是那些普通的日常點滴，
是那些細微的美好和片刻什麼都不去想的發呆。

19
是真的沒遇到，還是沒人要？

———

有人懂你奇奇怪怪，
有人陪你可可愛愛

到了我這個年紀，
周圍的朋友大都找到穩定的伴侶，開始下一階段的人生。
不過我暫時還是無法領悟到組建家庭和生兒育女的快樂。
現階段讓我開心的事情，仍然是看書、寫作、買漂亮衣服、
吃吃喝喝、旅行、逛街、賺錢。
那種感覺就好像，同學已經開始交卷了，
老師說「考場就剩你一個人嘍」，
但我還是磨磨蹭蹭，不願意答完所有題目。

網路這東西真是讓人又愛又恨。有時候，它給了你一個無比便利的溝通手段，但有時候，很多煩惱也同樣是它帶來的。

　　某天，我突然被拉進一個高中同學群組。然後，接下來的幾天裡，群組裡變得尤其熱鬧，有鄰座相認的，有互揭瘡疤的，有放大絕爆料的，有大搞「舊照片回憶殺」的，等等。一上午沒看手機，就動輒幾百上千條未讀訊息。我偶爾會爬樓看看，當年很多畫面本來都忘記了，好像忽然間又在腦海裡復活。

　　想當初，大家都是十七八歲，曾經一起坐在一間教室裡，你看過他被英語老師點名罰寫單字；她借給你作文書看，你偷偷抄過她的一道數學題……幾十個人，雖說如今已經天南地北，回頭想想，還是覺得無比美好，不是嗎？

　　其實在這個群組裡，最活躍的永遠是少數那幾個人，更多的人都設置了「關閉提醒」，然後潛水，很少發言，當個吃瓜群眾，當然了，我就是其中一個。

　　就在那幾天，會有群組裡的同學互加好友，其實這很正常，偶爾聊聊天，按按讚。所以有同學加我時，我也沒遲疑，馬上就按了「接受」。

　　於是，就有了那句「你已加對方為好友，現在你們可以開始聊天了」。

　　在這之後，大多沒了下文，默契地變成此後網路裡的按讚之交。還是會有一些人，發來小表情，想再和你多寒暄幾句。

基本上一開始還好，可是一旦聊到某一方不想聊的話題時，那就沒辦法繼續了。比如，有同學直接問我：「聽說你出書了，以前上學的時候，老師就總是誇你作文寫得好。對了，你結婚了吧，老公是做什麼的？」

　　「沒有沒有，我還是一個人呢」，然後接一句「哈哈」，就當是自嘲了。

　　「也挺好的，一個人自由。」

　　本以為這場對話到此打住，想發個可愛的表情包來結束，誰知對方追加一句：「別太挑，差不多就行了，真的。」

　　其實關於催婚的明話暗話，我自認為已經免疫了，但每次聽到這樣的話，心裡還是難免「咯噔」一下。我要是說真的不是挑剔，而是沒遇到而已，大概會被認為是做作吧。

　　很多人和我一樣，也弄不明白，自己心地善良，品行端正，工作穩定，社交健康，為什麼遲遲遇不到合拍的人呢？丘比特怎麼就那麼忙呢？還是自己忘記在月老那裡領號碼牌了？不得而知。

——

　　兩百多集的《六人行》裡，有這麼一集。

　　大家張羅著幫瑞秋辦一個生日派對，但她一直對自己年滿三十，即將要開始「三字頭」的人生這件事耿耿於懷，怎麼都

沒辦法接受。雖然有很多禮物可以收，但她就是很鬱悶，大家如何哄她都無濟於事，彷彿三十歲來了就到了世界末日一樣。

當時的我其實並不理解，「奔三」這件事真的有那麼可怕嗎？

你呢？還記得是什麼時候開始意識到自己「奔三」這件事的？聽著新來的後輩同事自然開口叫你「姐」的時候？還是在電梯裡，碰見小孩子奶聲奶氣地叫你「阿姨」的時候？抑或和你一起長大的鄰居家女孩剛剛生了個女兒，而你獲得「乾媽」稱號的時候？

臉上微笑著，心裡卻不爽到爆！我就是這樣。

說起來，到了我這個年紀，周圍的朋友大都找到穩定的伴侶，開始下一階段的人生。不過我暫時還是無法領悟到組建家庭和生兒育女的快樂。

現階段讓我開心的事情，仍然是看書、寫作、買漂亮裙子、吃吃喝喝、旅行、逛街、賺錢。

那種感覺就好像，同學已經開始寫完交卷了，老師說「考場就剩你一個人嘍」，但我還是磨磨蹭蹭，不願意答完所有題目。

因為寫作的關係，加了一個投稿群，也因此認識了任小姐。

她顏值中上，衣品頗佳，工作能力一流。日常我們所認識的她，可以說是乾脆俐落，走路帶風，好像沒有事情是她處理不了的，沒有什麼難關是她跨不過去的。

然而，人永遠是多稜鏡，看似再強悍獨立的人，也有另外一面。

有一次，我們幾個人約了小聚，從餐廳出來的時候，任小姐處在微醺的狀態。由於順路，我和她一起叫了一輛車。車上我倆聊得也蠻開心的，但是，車停在某個路口等待綠燈時，她的目光移向旁邊的車裡。

當時是初夏時節，車窗基本都是開著大半的，旁邊車道的那輛車裡，正常坐著一家人，有孩子，有老人，有孩子的父母。孩子看起來還很小，乖乖坐在兒童座椅裡。兩位老人一個勁地在逗孩子笑，孩子媽媽坐在副駕駛座不時回頭跟著一起笑，而爸爸在專心等綠燈。

車子啟動了，任小姐轉過頭和我說：「每次回老家看望父母，我都在心裡跟自己說，今年一定要結婚，把自己嫁了，讓父母安心。但是稍微冷靜下來一想，哎，還是不行……我也想把生活過成父母期望的樣子，可是你知道的，有些事真的不可控，真的沒辦法。」

這個穿著鎧甲、無所不能的女人，那一刻的眼神裡透著落寞，整個人像被洗劫一空一樣，讓人心疼。

———

結婚不是賽跑，更不是人生的終點，不是誰更快到達，誰就是勝者。

「世上只有該結婚的感情，沒有該結婚的年齡。」這句經常被引用的名言出自情商超高的志玲姐姐，不知戳中了多少人的內心。

不要為了結婚而結婚。值得期待的婚姻，不應該是因為年齡大了，因為各方面條件都合適，因為雙方父母都滿意，因為受不了別人異樣的目光，而是因為很愛一個人。你從前從沒動過結婚的念頭，但因為這個人，你想要和他建立家庭。

世界人來人往，天地浩浩蕩蕩。那個大雨中為你撐傘的人，那個幫你擋住外來之物的人，那個黑暗中默默抱緊你的人，那個逗你笑的人，那個陪你徹夜聊天的人，那個坐車來看望你的人，那個將哭泣的你摟在懷裡的人，那個總是以你為重的人，那個說想念你的人，該出現的時候，他必定不會缺席。

那個人也許並不是和你在人群中談笑嬉鬧、把酒言歡的

那一個，但一定是能在安靜的時光裡，與你認真分享這個世界的人。讓你不懼柴米油鹽醬醋茶的蹉跎，也不怕年華漸老的考驗。

只有深愛你的人，才能滿足你對這個世界所有的矯情，而且他看你的眼睛光芒閃爍，就像彙聚了全世界的燈火。

沒娶的不用慌，待嫁的也別忙。經營好自己，珍惜當下的時光。

10 月的北方，是隨處可見的金色銀杏葉，是寬大的衛衣（長袖針織運動、休閒服），
是軟軟糯糯的烤番薯和甜甜的糖炒栗子。
秋天真可愛，秋風一起，連不小心打噴嚏都是「愛啾」！

20

他是真直男，還是不愛你？

—

好看的皮囊你養不起，
有趣的靈魂看不上你

—

很多女生都說，
當我需要你的時候你不在，那麼以後你都可以不用出現了。
我們一直苦苦尋找所謂的愛情，
無非就是渴望得到被人心疼和心疼他人的感覺。

你永遠也叫不醒一個裝睡的人，
就像你永遠也焐不暖一顆不靠向你的心。

說到直男，允許我吐槽一下那些重度「直男癌」患者。

　　那天我去剪頭髮，當時人很多，洗完頭髮後，我頂著用毛巾包著的濕漉漉頭髮，坐在休息區等我的托尼老師。旁邊坐著兩個男孩，看上去年紀很輕，應該是學徒。兩人在旁若無人地閒聊。我有一句沒一句地聽了聽，兩人聊天的內容大致如下：

　　我呢，現在沒什麼本事，只能在這兒學學手藝。沒有女孩看得上現在的我，那是她們缺乏眼光。我希望有個女孩能透過目前一窮二白的表象，愛上我的內涵。不然以後等我當了首席髮型設計師，月入幾萬的時候，我就要挑挑揀揀了。

　　我聽了一會兒，實在受不了，起身走開了。毫無疑問，該男孩是個重度「直男癌」患者。

　　人生就是這樣，每當你覺得自己已經見識過很多種類的奇葩時，總會又冒出幾款新的，再次刷新你的認知。

———

　　什麼是「直男癌」？

　　只會告訴女生「多喝熱水」的已經算不上「直男癌」了，小氣、囉唆、情商低、大男人主義等，這些也可以忽略。而「直男癌」患者是那些擁有無比奇葩、歪到太空的三觀的人，他們活在自己的世界裡，堅信自己一直是不容置疑的真理存在。他

們帶著九頭牛都拉不回來的雙重標準，還成天感覺自己又帥又萌，自稱小哥哥。

他們逢人就愛說自己去過哪些國家、看過什麼名畫、喝過什麼酒、聽過誰的音樂演奏會；或者對美好的事物視若無睹，偏偏揪著某條讓人心裡不舒服的新聞不放，高談闊論，搞得一起吃飯的人掃興至極。

他們嘴上常掛的是：「等我有錢了，男人越老越吃香，而女人老了就下架了。」

他們總是替自己強加「霸道總裁」人設，評價這，詆毀那。在他們看來，女孩化妝就肯定是為了吸引男生；女孩拎個名牌包，肯定是找了個有錢男朋友；女孩穿了短裙，就是晚上要去泡夜店；他們的工作是拚事業，女孩的工作則是「照顧老公和孩子」。

在他們眼裡，女生基本分為兩種：一種是你對我有意思？對不起啊，你身高不到 165，胸圍只有 A 罩杯，配不上我；另一種就是，我是潛力股，你居然不喜歡我，你到底有沒有品味啊？

遇上這種「直男癌」晚期患者，真是任憑你有多少表情包甩出來都不夠用。

———

「直男癌」患者們交女朋友堪比皇帝選妃。

樸素不愛穿搭的那款呢，嫌人家普通得扔在人堆裡找不到，擔心以後帶出去跟朋友聚會有失面子；人美腿長的那款呢，又嫌人家亂花錢，愛磨蹭，出門之前等上兩個小時是常事。

再有，看見平胸的，他們嫌沒料；身材好的，又覺得人家花瓶沒內涵；遇見學歷高的，覺得人家孤傲。

抱歉，明明自己段位不高，還360度吐槽女孩子。我倒是覺得，人家膚白貌美讀書好，其實就是為了不必嫁給像他們這樣的人。

整體來說呢，就是好看的皮囊你養不起，有趣的靈魂看不上你。

當然，我們判斷一件事絕不偏心。好女孩可能遇上「直男癌」晚期患者，而好男孩也同樣可能遇人不淑。

有些女生找男朋友，經濟條件好的嫌人家年紀大；長得帥的沒存款；年輕又有錢的，擔心人家富二代的少爺脾氣不能寵著自己，戀愛不能是甜甜的那有什麼意思呢？

眉眼俊朗的，你擔心人家桃花朵朵開，沒安全感；老實忠厚的，你嫌人家沒情趣；工作繁忙的不夠體貼；工作清閒穩定的，你又覺得人家不求上進，安於現狀。

這世上的好事，不會只跑到你一個人碗裡去的。

你選擇了清純的女孩，就得接受她的幼稚；你選擇了工作能力強的男孩，就得接受他忙得沒時間陪你；你選擇了獨立的女孩，就得接受她強勢；你選擇了懂得浪漫的男孩，就得接受他身邊桃花朵朵。

你什麼都想要，最後往往得不償失。其實，最後在愛情裡過得自在又幸福的人，胃口都不大。

——

橘子小姐在朋友的婚禮上遇見了陸先生。那天在大合照的時候，陸先生站在橘子小姐的左邊。

也許是離心臟的位置很近，橘子小姐一下就記住了這個令她心跳加速的人。那天兩人互相加了好友，一個月後，發展為情侶。

打從這段感情開始的第一天，橘子小姐就成了那個付出比較多的人。她從前十指不沾陽春水，如今為了他下廚煲湯做菜。她愛惜皮膚如命，卻仍願意熬夜陪他看球。

原本在愛情裡，誰付出得多一點，誰付出得少一點也無法計較，誰讓愛情是不講道理的事呢？可是陸先生似乎並沒有因為有了女朋友而改變，依舊我行我素，偶爾甚至絲毫不顧及

她的感受。

有次橘子小姐半夜胃痙攣疼到直不起腰，打電話給陸先生。

陸先生顯然在睡夢中被吵醒很是不爽，「你先喝點熱水，現在太晚了，明天如果還疼再去醫院吧。」

最後橘子小姐不得不打電話給閨密，兩個女孩子半夜去掛急診。在打點滴的時候，橘子小姐眼淚止不住地流。男友那如刺骨寒風般冰冷的態度，大概比胃痛更讓她難過吧。

一個不懂得心疼你的人，永遠也體會不了你的處境和難處，也感知不了你的委屈。他懶得幫你製造浪漫，也不會發自內心地關心你呵護你，這些在他看來都是浪費時間和精力的事。恕我直言，你在這樣的人身邊，每一天都是世界末日。

一個人再優秀，心裡沒有你，那對你來說就沒有意義。

很多女生都說，當我需要你的時候你不在，那麼以後你都可以不用出現了。我們一直苦苦尋找所謂的愛情，無非就是渴望得到被人心疼和心疼他人的感覺。

你永遠也叫不醒一個裝睡的人，就像你永遠也焐不暖一顆不靠向你的心。

———

　　一個人對你的好，並不是立刻就會看到的，因為洶湧而至的愛來得快去得也快，而真正對你好的人，往往是細水長流。

　　你可能會怪他沒有付出真心，但在一天天的日子裡，卻能感覺到他對你無所不在的關心。好的感情，不是一下子把你迷暈，而是細水長流地疼愛你。

　　你的善良在他的眼裡是無價之寶，你的天真是他最想呵護的城堡。

　　那些打著「愛你」的幌子，卻讓你在感情中反覆糾結受累的人，多半沒有你想像中那麼愛你。

　　無論我們曾經轟轟烈烈地愛過多少人，希望我們最終都能嫁給愛情，嫁給那個能留下來的、深沉的、不聲不響的、像大地一樣踏實的、像被窩一樣舒服的、不離不棄的人。

這家名為「熊爪」的咖啡店，

有八種口味的咖啡，可供盲盒式抽選，

每一杯咖啡由熊爪從洞口遞出，

熊爪會和你握手、擊掌，摸你的頭，超級解壓又療癒。

洞口另一端的咖啡師和店員其實都是聾啞人士。

咖啡店是一個公益組織，意在給殘障人士提供更多就業機會。

有的人，雖然自身不完美，但還是選擇在人間傳遞溫柔。

富能量 0HDC0033

這個世界很好，
但你也不差

作　　者：萬特特
責任編輯：林麗文
校　　對：羅煥耿
封面設計：@Bianco_Tsai
內頁設計：@Bianco_Tsai
內文排版：王氏研創藝術有限公司

總 編 輯：林麗文
主　　編：林宥彤、高佩琳、賴秉薇、蕭歆儀
執行編輯：林靜莉
行銷總監：祝子慧
行銷企劃：林彥伶

出　　版：幸福文化／遠足文化事業股份有限公司
地　　址：231 新北市新店區民權路 108-1 號 8 樓
網　　址：https://www.facebook.com/happinessbookrep/
電　　話：(02) 2218-1417
傳　　真：(02) 2218-8057

發　　行：遠足文化事業股份有限公司（讀書共和國出版集團）
地　　址：231 新北市新店區民權路 108-2 號 9 樓
電　　話：(02) 2218-1417
傳　　真：(02) 2218-1142
電　　郵：service@bookrep.com.tw
郵撥帳號：19504465
客服電話：0800-221-029
網　　址：www.bookrep.com.tw

法律顧問：華洋法律事務所 蘇文生律師
印　　刷：通南印刷

初版 1 刷：2022 年 1 月
初版 8 刷：2024 年 7 月
定　　價：360 元

Printed in Taiwan　有著作權 侵犯必究

※ 本書如有缺頁、破損、裝訂錯誤，請寄回更換

※ 特別聲明：有關本書中的言論內容，不代表本公司 / 出版集團之立場與意見，文責由作者自行承擔。

國家圖書館出版品預行編目 (CIP) 資料

這世界很好，但你也不差 / 萬特特著 . -- 初版 . -- 新北市：幸福文化出版社出版：遠足文化事業股份有限公司發行 , 2022.01

　　面；　　公分

ISBN 978-626-7046-25-8(平裝)

1. 自我實現 2. 生活指導

177.2   110021183

二版書號：0HDC0033-1

商品條碼：8667106513012